基于汉语口语测试语料的多视角应用研究

赵琪凤 等◎著

本成果受国家社会科学基金重大项目（项目批准号 15ZDB081）和北京语言大学校级项目（中央高校基本科研业务费专项资金）（18PT10）资助

线装書局

图书在版编目（CIP）数据

基于汉语口语测试语料的多视角应用研究 / 赵琪凤
等著 . -- 北京：线装书局，2021.9
ISBN 978-7-5120-4666-5

Ⅰ . ①基… Ⅱ . ①赵… Ⅲ . ①汉语 – 口语 – 测试 – 研
究 Ⅳ . ① H193.2

中国版本图书馆 CIP 数据核字 (2021) 第 196974 号

基于汉语口语测试语料的多视角应用研究

JIYU HANYU KOUYU CESHI YULIAO DE DUOSHIJIAO YINGYONG YANJIU

作　　者：赵琪凤　等
责任编辑：李　媛
出版发行：**线装書局**
　　　　　地　　址：北京市丰台区方庄日月天地大厦 B 座 17 层（100078）
　　　　　电　　话：010-58077126（发行部）010-58076938（总编室）
　　　　　网　　址：www.zgxzsj.com
经　　销：新华书店
印　　制：河北盛世彩捷印刷有限公司
开　　本：710mm × 1000mm　1/16
印　　张：13
字　　数：230 千字
版　　次：2021 年 9 月第 1 版第 1 次印刷

线装书局官方微信

定　　价：58.00 元

前　言

随着语言科学研究的不断深入，越来越多的语言研究开始利用语料库语言数据进行实证研究。这类鼓励收集语言文本、倡导跨学科交流的学术活动，开辟了语言学及应用语言学等研究的新领域。语料库的突出优势在于能够提供大量可靠的真实语言数据，帮助研究者进行更为深入的研究，避免因为缺乏大数据资源的支撑而限制研究的深度、广度和可靠性。可以说，基于语料库的语言研究进一步拓宽了研究视角，丰富了研究内容，增强了语言研究的科学性与现代化。

近年来，汉语中介语语料库建设异军突起、态势良好，但是与书面语语料库的迅速发展相比，口试数据资源则长期处于"休眠"状态，并没有充分发挥其在汉语口语能力研究、口语习得与测试研究中的重要价值。虽然国内口语语料库的建设渐成热点，但是收集较大规模的汉语中介语口语语料，并对语料进行转写与标注，一直是口语语料库建设最关键、也是最耗时耗力的工作。对口语语料的挖掘与整理，是后续研究工作的重要基础，因此，随着汉语口语研究的不断探索，我们需要在挖掘汉语口语语料、建设汉语口语语料库的基础上，聚焦具体问题，展开深入、细致、全面的研究。

本书通过对汉语水平考试 HSK［高等］口试积累的考生口语数据，以及实用汉语水平认定考试（简称"C.TEST"）口语面试 10 多年来保留的部分录像实考数据进行整理和挖掘，尝试利用计算机辅助技术来研究较大规模的真实语言表达文本，为后续的专题研究积累了数据资料。在此基础上，主要运用话语分析、语言测试、第二语言习得等学科理论和方法，对学习者在口语测试中的语块使用、非流利填充语使用、流利度情况、口语面试的效度验证等进行了探索研究，为汉语口语能力研究、口语测试、汉语教学与学习提供了具有针对性的研究结论与相关建议，从而初步实现了对汉语口语测试数据挖掘下的多视角应用研究。

本书主要作者赵琪凤副教授多年从事汉语作为第二语言的测试研发与研究工作，其他作者均为其硕士研究生。书稿的选题、组稿、统稿均由赵琪凤负责。其中，前言、第一章、第六章、第七章、结语部分由赵琪凤撰写，第二章由鲁倩文撰写，第三章由陈瑾撰写，第四章由柴乳楠撰写，第五章由袁卉撰写。

本书得以出版，要感谢北京语言大学梧桐创新平台项目的前期支持，以及国家社会科学基金重大项目、北京语言大学校级项目的资助，感谢北语科研处老师们的悉心帮助，尤其要感谢线装书局李媛老师的辛勤编辑和积极推动，使得本书作为梧桐创新项目的重要研究成果之一，能够顺利出版问世。

赵琪凤

2021 年 7 月

目 录

第一章　总　论

第一节　汉语口试测试语料挖掘与研究现状

1.1　HSK［高等］口试、C.TEST 口语面试简介

1.1.1　HSK［高等］口语考试简介

中国汉语水平考试（HSK）［高等］考试由北京语言大学原汉语水平考试中心于 1993 年正式推出 [①]。其中 HSK［高等］口试共分为两个部分，第一部分是朗读题，要求考生朗读一篇 250 字左右的短文；第二部分是两个命题说话，主要是让考生针对某个话题表达自己的看法或者提出建议。其中，第一个说话命题倾向于描述性话题，第二个话题倾向于议论性或说明性话题。

HSK［高等］口试采用半直接的测试方式，即通过录音完成考试，考生将产出的口语表达录制在电脑软件上。考试时间总共 20 分钟。准备 10 分钟，考试 10 分钟。口试的评分采用 3 人一组的人工评分安排。

HSK［高等］口试采用五级评分制。全部分数等级由 5 个基准级和 7 个辅助级构成。5 个基准级从低到高分别为：一级、二级、三级、四级和五级；7 个辅助级从低到高分别为：2-、2+、3-、3+、4-、4+ 和 5-。该口试对学习者汉语口语表达的得体性、准确性、丰富性和流利性均有一定

[①] 《汉语水平考试 HSK［高等］真题及分析》，北京语言大学汉语水平考试中心 编，北京：世界图书出版公司，2011 年 5 月。

的要求，同时包含对表达内容的逻辑性、完整性的考察。

1.1.2　C.TEST 口语面试简介

C.TEST 口语面试是国内第一个专门测量母语非汉语者的汉语口语水平的面试型口语考试。该考试旨在对应试者在商务、贸易、文化、教育等国际交流环境中的汉语口语交际能力做出科学和权威的评价。考试的结果将为用人单位在人员招聘、选拔、晋升等决策过程中评价相关人员的汉语口语交际能力提供参考依据。

C.TEST 口语面试的考试程序和评分过程均采用标准化操作。每位应试者将参加 10–15 分钟的考试，考试过程分为热身、反复评估、结束等阶段，其中反复评估阶段又包括估计、摸底、定位、探顶等环节。

在 2012 年之前，C.TEST 口语面试以现场面试为主要形式，由两位面试官同时对一名应试者进行考查与评价。2012 年起，主要以在线远程面试（网络面试）为主，由 1 名面试官对 1 名应试者主持面试并实时评分，第 2 名面试官根据面试录像进行复评。两位面试官分别给出的分数如果不一致，差异超出一定的级差，则请专家复评。

C.TEST 口语面试分数等级与客观卷证书等级相挂钩，从高到低分为七个等级，对应着四个水平。四个水平具体界定为专业级（对应口试 7 级）、高级（对应口试 6 级、5 级）、中级（对应口试 4 级、3 级）、初级（对应口试 2 级、1 级）。

1　2	3　4	5　6	7
初级	中级	高级	专业级

可见，以上两种汉语口语测试，不仅考察了不同测试形式[①]下的考生口语水平，而且完整收集了考生在面对面交谈情境、根据要求录音作答情

---

① 直接测试（口语面试）和半直接测试（HSK 录音式测试）。

境下的口语表达信息及相关的非语言表达信息。本书将基于对上述口语测试语料的挖掘和转写，展开进一步的探索和分析。

1.2　国内汉语口语相关语料的挖掘现状

口语表达语料资源是对学习者在日常学习或测试环境中真实口语表现水平的完整"记录"，这些口语资料对于进一步深入挖掘和描写语言事实，进行第二语言口语习得比较研究、口语偏误分析研究、学习者口语能力发展过程研究以及测试本身研究具有重要的价值。

在以往的汉语作为第二语言口语实证研究中，经常存在以个案研究或小样本研究为主、汉语口语水平测量工具编制得不够严谨等不足，因而研究结论缺乏普遍性。其原因主要是由于研究者受客观条件的限制，很难获得大规模、标准化、具有足够代表性的口语研究语料。

与汉语中介语文本语料库相比，汉语中介语口语语料库的建设严重滞后。目前国内汉语语料库建设比较成熟的几乎都是书面语的文本语料库。比较著名的如北京大学 CCL 语料库（含现代汉语语料库和古汉语语料库）、国家语委平衡语料库、国家语委监测语料库（包含平面媒体、网络媒体、有声媒体、教育教材、海外华语多种语料库）、北京语言大学 BBC 语料库等。相对而言，双语平行语料库、口语语料库、学习者中介语语料库是今后语料库建设和研究的重点（刘华，2020）。

鉴于此，近年来，国内学界及相关高校已经陆续开始挖掘汉语中介语口语语料资源，建立汉语口语语料库，为后续深入研究汉语学习者口语学习及口语教学、测试奠定坚实的数据基础和证据支撑。

1.2.1　当前国内汉语中介语口语语料库的现状

目前第二语言的口语习得研究在国际上日益得到关注，建立大型口语语料库并基于语料库开展口语研究是近年来国外语言教学界口语研究的新趋势（杨翼等，2006），同时，国内口语语料库的建设渐成热点（张宝林、崔希亮，2013）。汉语中介语口语语料库主要由各大高校根据所掌握的留学生资源为基础筹备建立。遗憾的是，目前还没有大型的口语中介语语料库供研究者使用，只有个别学校建设的小型口语中介语语料库被研究者报告或提及，如香港中文大学和苏州大学建设的专门的口语语料库（周文华、肖奚强，2011），暨南大学华文学院的留学生口语语料库，台湾师范大学华语中介语口语语料库等（刘运同，2020）。已有研究者应用现有或自行筹建的语料库对汉语学习者中介语口语进行了研究，并且大部分研究都根据研究成果对对外汉语教学，尤其是口语教学提出了十分有益的建议。除此之外，张宝林（2019）提出国内的汉语中介语口语语料库还有语言习得汉语口语语料库（LAC/SC，香港中文大学）、根据电话口语考试建设的语料库（北京大学）；笔语 + 口语语料库有 Guangwai-Lancaster 汉语学习者语料库（广东外语外贸大学—兰卡斯特大学）；笔语 + 口语 + 视频的语料库有全球汉语中介语语料库（北京语言大学 + 国内外多家汉语教学单位）。

随着信息化时代的发展，汉语中介语口语语料库的发展较之前也发生了一些变化：筹备建立语料库的学校有所增加，语料取样更加全面，对语料的标注日益科学。同时，在汉语中介语口语语料库的学术会议中，也多次出现关于多模态语料库的讨论，口语语料库与多模态语料库的关系变得更加密切。而汉语中介语口语语料库在建立过程中仍存在一定的问题，如标注标准尚未统一、已建立的大多为生语料库，无法直接应用、很多语料库尚未对外开放等。

1.2.2 本书汉语口语测试语料挖掘情况

在汉语中介语语料库建设方面，刘运同（2013）指出，汉语中介语语料库建设中"比较突出的问题是书面语语料库与口语语料库的发展不平衡，口语语料库建设严重滞后"。目前还没有大型的口语中介语语料库供研究者使用。由于口语语料的搜集和转录难度较大，聚焦于口语测试下的口语语料的挖掘和语料库建设尤甚，学界基于口语测试的语言研究也尚未得到长足发展。为了系统调查汉语学习者在测试环境下口语表达的现状，深入探索口语测试情境下考生口语表达的部分规律，课题组成员历经两年多的语料整理与转写，初步对两种汉语口试的语料进行了挖掘。

（1）HSK［高等］口试

借助科大讯飞股份有限公司研发的语音转录专用软件"讯飞听见"对语料进行语码转录，然后由研究者组织若干语言学专业的硕士、博士研究生对转录后的文本进行仔细校对、修改，力求能够真实反映被试的口语表达面貌。经过多次校正，共转写1858名考生的口试录音，语料字数约1114800字。

（2）C.TEST 口语面试

观看口语面试录像的同时人工转写，语料校对，共转写123名考生的面试录像，语料字数约246000字。由于口语面试的现场即视感特征，面试资料采取录像保存模式，正因如此，语料转写难度加大，需要对面试官和考生的交谈全面转写，语料挖掘中除了考生话语语料的转写，还包含面试官话语语料的转写。课题组还对部分面试录像中考生的重要非语言表现，例如手势、表情等进行了标注。

虽然语料挖掘总体规模有限，但是课题组基于两种测试形式的汉语口试语料挖掘与转写，在汉语口试语料的收集种类和丰富度方面尚属国内领先。

在此项语料整理转写工作的基础上，本书将开展学习者汉语口语产出词汇、短语等方面的细致考察和描写、统计，进而开展口语习得研究，以及对口语测试的有效性、可靠性方面的验证探索研究。

第二节　研究内容与理论方法

2.1　研究内容

2.1.1　当前研究概述

基于汉语口语语料库建设和语料资源的挖掘，相关研究者的研究成

果内容更加丰富，研究范围也得以拓展。近 20 年来，国内学者多从汉语
母语 / 中介语口语语料库的建设方案、建构思路、功能探讨等方面撰文研
讨（李银美，2020；刘运同，2020；谢楠等，2017；刘华，2020；黄伟，
2015；胡凡霞等，2011）。也有一批学者和研究生基于现有口语语料库或
自建口语语料库，进行一系列的专题研究，比如对汉语母语者在口语互动、
话语标记、不同句型的口语呈现方式等的研究（王芳等，2016；张黎等，
2016；段寒梦，2020）。基于汉语学习者口语语料库的建设雏形，国内学
者也在努力地利用语料资源进一步探索相关课题，比如聚焦于口语交际的
篇章研究、语块研究、话题难度研究等等（吴莎，2017；吕荣兰，2011；
邓莉，2014；聂丹，2011、2012）。随着汉语口语语料库的建设与研究探
索，国内个别学者通过撰写专著，来集中呈现对这一研究领域的研究成果
与思考（聂丹，2020；许家金，2019、2020）。

2.1.2 本书研究内容

限于篇幅与内容，本书本着"聚焦汉语口语测试语料挖掘"的原则，
从当前汉语学习者口语语料库建设与汉语口语能力及测试研究的实际需求
出发，确定本书研究内容。

2.1.2.1 口语表达中语块使用研究

无论是录音式的半直接口语测试，还是直接面对面的口语面试，测
试过程是为了引导考生尽可能充分地表达，根据考生产出的话语样本来评
估考生的口语水平。考生的口语表达中离不开对语块的使用。通过对汉语
口语测试语料的挖掘，本书可以对语料做进一步考察、描写、解释，深入
分析汉语学习者在口语面试、口试录音这两种不同测试形式下的语块使用
和分布情况，这一探索将丰富目前国内学界对汉语口语语块的研究内容与
视角。

2.1.2.2 口语面试中非流利语使用研究

流利度是口语表达中一个非常鲜明的特征与指标。通常情况下，判断
汉语学习者的口语流利度，一般是根据口语中出现的沉默、填充、重复、

修正等这类非流利现象。因此，对口语表达中的非流利语的研究非常必要。本书将对非流利填充语的定义、作用、类型及在不同水平考生中的分布进行描写与统计，在此基础上探讨当前汉语口语教学与口语测试中有待加强与改进之处。

2.1.2.3 汉语口语的复杂度研究

复杂度（complexity）作为衡量第二语言能力的主要指标之一（Skehan，1989），多年来备受学界关注。实际上，学习者在学习及应用第二语言时，也在考虑自己语言产出的复杂度。鉴于复杂度对研究者与学习者都有相当重要的意义，本书将从 HSK［高等］的考生口试语料和 HSK 动态作文语料库中搜集韩国汉语学习者的语言产出，旨在对韩国汉语学习者口语及写作产出复杂度进行探究。

2.1.2.4 基于语料分析的口语面试测试有效性研究

汉语口语测试的根本目的，是为了可靠、有效地测量考生的口语水平。因此，测试的效度验证（有效性验证）至关重要。本书尝试采用基于语料库的多维分析法，利用对汉语口语测试语料的挖掘，从对比的角度考察汉语口语面试引出的语言使用特征在多大程度上与汉语母语语料库的语言特征相似，从而实现多维分析法在国内汉语口语面试外推论据效度验证中的首次探索。

上述研究内容都是汉语口语能力及测试研究的基础问题，是基于语料库的汉语口语研究的重要课题之一。对上述内容的研究是在挖掘各类汉语口语测试语料的基础上，围绕具体问题和方向开展的针对性的研究。

2.2 理论方法

2.2.1 理论基础

通过对汉语学习者口语测试语料进行挖掘，学界可以从不同的学科视角加以解读和分析，相应也会有不同的研究视角和研究侧重。本书的研究也不例外，根据语料转写过程中的体验，结合前人研究启示，大致列出与本书直接相关的几个研究领域和理论基础。

2.2.1.1 语言学研究（现代汉语、语言本体、话语分析）

本书是基于汉语口语测试语料挖掘的研究，对语料的转写、考察、描写、分析均属于语言学研究范畴，其中关注的"语块""非流利填充语""流利度"等均涉及汉语的语音、词汇、语法、语用等方面，离不开现代汉语相关研究成果的支撑，同时也离不开话语分析理论的运用，同时也涉及社会语言学、语言认知与心理等研究领域。

2.2.1.2 第二语言习得与教学研究

汉语口语测试中留学生产出的话语，属于外国人话语，对此类人群的口语表达的研究离不开第二语言习得与教学研究理论的指导。同时，本书在具体研究与分析后，力图通过语料挖掘分析，为汉语作为第二语言的口语教学提供反馈信息，达到科研反哺教学的应用目的。此外，研究留学生的口语表达还涉及跨文化交际理论的运用，无论是口语面试中面试官与考生的面对面交流，还是口试录音中给出的口试话题，都体现了不同文化之间的交际与接触，需要跨文化交际理论的支撑与解读。

2.2.1.3 语言测试研究

本研究是从汉语口语测试的实践积累中形成，研究目的之一是服务于口语测试与交际口试的改进与完善。通过挖掘口语测试语料，进而分析验证口语测试的有效性，是本书的研究重点之一。因此语言测试理论与交际语言能力理论等，也是本书多视角应用研究的重要理论基础。

总之，基于汉语口语测试语料挖掘的多视角研究，具有一定的学科交叉性质，从上文的阐述中可以看到，涉及语言学、语言测试、话语分析、语言习得与语言教学、跨文化交际、认知心理学等诸多学科，这些相关学科理论都可以作为本书在口试语料挖掘基础上进行多视角研究的理论来源。

2.2.2 研究方法

基于汉语口语测试语料挖掘的多视角研究，因其视角的多样，理论基础也是多元化的，不同的学科视角和理论应用需要不同的研究方法。其中，研究的关键基础"语料和语料库方法""语料转写与标注方法""多维分析与调查法"是本书研究中不可或缺的基本方法。

2.2.2.1 语料和语料库方法

挖掘并获得第一手的汉语口语语料，是本研究的特点更是特色之一。基于较大规模的口语测试语料将更加全面、真实地呈现考生口试话语面貌，有利于进行统计分类，更有利于发现分布规律，是研究的基础与基石。

2.2.2.2 转写与标注方法

在积累了大量汉语口语测试原始语料的基础上，需要对语料进行转写和标注。转写作为建库的第一步，转写内容的准确度以及转写规则的科学性将直接影响后续工作的顺利进行。口语语料的转写和标注方法存在多种系统，其中应用比较广泛的系统是 Jefferson Notation 和 DT 会话转写系统。国内汉语界在口语转写时多借鉴这两种系统，同时结合汉语特点进行调整和改造，更具针对性（聂丹，2020：20）。本研究主要参考刘虹（2004）的语料转写和标注框架，同时结合研究内容进行了调整，属于宽式转写。转写内容包括考生话语、面试官话语（口语面试中）、话语重叠、部分副语言等。

总之，口语语料库建设最关键也是最耗时、耗力的工作是语料的转写与标注（卫乃兴，2007）。这一重要环节需要按照科学的方法操作完成。

2.2.2.3 多维分析与调查法

前文说过，基于汉语口语测试语料挖掘的研究是一个跨学科的课题，其理论和方法基础都是多元的。由于本书聚焦于汉语口语测试的语料分析，因此测试效度验证方法也是本书研究中最重要的理论和方法之一。

在汉语口语测试语料的挖掘和语料库建设的基础上，本书充分利用大量的一手语料，采用基于语料库的语域分析来进行效度研究。其中基于交际语言能力理论的量化语言分析方法——多维分析法应用到本书研究中。这种方法可以对测试任务与目标语言使用范围中的语言特征和功能特征进行量化比较，从而为收集汉语口语面试的有效性证据提供新的研究方法与探索思路。

第三节　理论意义及应用价值

在汉语口语考试中，考生的话语输出是评判考生口语水平的重要依据，而考生作答语料的研究主要依据于口语语料的挖掘、转写以及语料库的建设。基于较大规模汉语口语考试语料挖掘的研究，国内当前尚显缺乏，本书致力于这一课题，无论在理论层面还是应用层面都有一定的价值。

3.1　理论意义

3.1.1　有助于汉语口语语料库建设的理论探索

口语语料库建设是一项费时费力的浩大工程，需要精心的设计和实施，其背后同时需要坚实的理论作为支撑。刘运同（2020）明确指出，学界对于口语语料库建设理论问题的缺乏，也在一定程度上制约了口语语料库建设的发展。本课题对积累的较大规模汉语口语测试语料的挖掘和整理，能够从实际操作中获得一些语料挖掘经验和启示，将为汉语口语语料库建设理论体系的完善做出贡献。

3.1.2　有助于第二语言测试及教学的理论建设

第二语言测试和教学都具有一定的学科交叉性，还有很多有待开发的课题和研究空间。无论从世界范围还是从中国范围来看，口语语料的建设都相对落后于书面语语料库的建设。汉语口语语料库的匮乏，制约了语法结构的实证研究，以及汉语作为第二语言的测试和汉语教学研究，进而影响了学科的理论建设与发展。本书对汉语口语测试语料的挖掘与多视角应用研究，会对第二语言测试尤其是口语测试及口语教学的理论建设起到一定的推动作用。

3.1.3 有助于跨文化交际理论的建设

汉语口语考试，尤其是汉语口语面试，面试官与考生的对话是一种跨文化交际行为，交际双方都存在着文化上的沟通与适应情况，面试中提及的问题有可能不是语言方面的问题，而是文化上的差异问题，因此对汉语口语面试的语料挖掘与整理，有助于推动汉语国际教育领域跨文化交际理论的建设，丰富跨文化交际研究领域对测试情境下考生的语言表现的理论认识，拓展跨文化交际理论的研究范围。

3.2 应用价值

3.2.1 有助于丰富汉语口语测试语料库建设形态

当前所建立的汉语语料库只保留了会话中的文字部分，未能在语料库中体现出口语表达的韵律特征、手势特征、眼神特征等，而韵律与非语言动作是会话交际的微观语境，是意义构建的重要基石。已有学者指出了多模态语料库建设的必要性（黄伟，2015；李银美，2002）。本课题在挖掘汉语口语面试语料时，尝试对部分面试录像做尽可能完整的转写与标注（实际的工作量难度之大可想而知）。虽然只是部分尝试，但是可以为后续多模态语料库的建设积累经验，并丰富当前汉语口语语料库建设的形态。

3.2.2 有助于改进汉语口语测试的研发及评分标准的修订

在跨学科的交叉研究中，本课题利用口语语料提供的数据信息可以获得一些新发现。例如语言测试研究者可以利用语料信息，在测试的开发和效度检验方面获取有用的信息。具体到在任务和题目的设计方面，语料库提供的信息可以帮助测试开发者确定在不同的语言水平发展阶段，哪些语言特征是至关重要的，并以实例说明先前的某些特定类型会引起考生的疑惑和不解，从而提高测试的测量效度。

3.2.3 有助于提高汉语作为第二语言的口语教材编写质量与教学效果

充分发挥汉语口语测试语料资源在第二语言习得、教学实证研究中的多层次、多方位大数据应用作用，考察隐藏在口语语料中的留学生汉语口语习得与表达中的普遍现象与一般规律；并实现针对不同背景考生（比如母语、习得方式、文化背景等）的汉语口语习得多视角分析，从而为对外汉语口语教学和教材编写提供更丰富的口语偏误类型和偏误证据，提高口语教学和教材编写质量。

第二章　汉语口语面试中考生语块使用研究

第一节　概　述

1.1　研究目标

　　口语能力可以反映出第二语言学习者在实际语言环境中运用第二语言的能力，与书面表达相比，口语表达更具有即时性和交际性的特点。影响第二语言学习者口语能力发展的因素有很多，"语块是在语言使用中，作为人类记忆和储存、输出和使用的固定的或半固定模式化的板块结构"（Becker，1975）。目前越来越多的研究者开始关注语块能力的发展对于学习者口语能力产生的影响。国内对于汉语语块的研究也在逐渐增多，本研究以汉语作为第二语言的口语语块研究为切入点，以初级、中级、高级三个水平的汉语学习者为研究对象，利用汉语学习者口语面试语料，考察口语面试中不同水平等级的学习者的口语语块使用情况。主要研究以下几个问题：

　　第一，在口语面试环境下，初级、中级、高级水平的汉语学习者口语语块使用差异研究：

　　（1）不同水平的汉语学习者口语语块使用频率是否存在差异？

　　（2）不同水平的汉语学习者口语语块使用丰富度是否存在差异？

　　（3）不同水平的汉语学习者口语语块使用准确度是否存在差异？

　　（4）不同水平的汉语学习者口语语块使用长度是否存在差异？

　　第二，初级、中级、高级水平的汉语学习者口语语块使用与口语产出准确性之间有何关系？

第三，在口语面试中，初级、中级、高级水平的汉语学习者使用频率最高的语块是哪些？有什么样的特点？

1.2 理论及研究综述

1.2.1 国外语块研究

国外学者对于英语中存在的语块现象的认识和研究是逐步深入的，Jespersen（1924）最早对程式语（formula）和自由短语（free expressions），进行了区分，他认为"程式语"可能是一个句子、一组词语，或者一个词，甚至一个词的一部分——这并不重要，但对于实际语言直觉来说，它必须总是一个单位，而不能像自由组合那样被进一步分析或分解。Jespersen 对"程式语"的认识应该算是较早对英语中存在的语块现象的感知和认识。Nattinger & De Carrico（1992）对于英语语块理论的研究影响较大，他们提出了语块理论，对语块的概念及其在语言研究及教学方面的价值进行了较为系统的梳理。他们把一些使用频率高、习用性强的多词语组合称之为"词汇短语"（lexical phrases），如 as it were、on the other hand、as X would have us believe 等等。

对于英语的语块的分类，国外学者目前也并没有达成完全统一的认识，不同学者从不同的角度提出了确定语块类别的标准和要求，但主要还是从形式、功能及意义等角度对英语语块进行了分类。从形式角度进行分类，较有代表性的划分为聚合词、搭配词、固定表达、半固定表达四类（Lewis，1993）。从语块功能角度进行分类，较有代表性的划分为：信息功能、评价功能、情景功能、修饰功能、组织功能五种类型（Moon，1998）。

国外的语块研究主要涉及两个方面：一是母语习得中的语块研究；如关注儿童习得语言的过程中语块使用情况的研究较多（Nattinger & De Carrico 1992；Wray & Perkins 2000）。研究发现，在习得语言的初期，儿童会整体掌握和使用词语的序列，而不会做进一步的分析，同时随着年龄的增长，就会开始对语言的分析逐渐增加。二是二语习得中的语块研究。如有相关的研究证实语块对于促进成人的二语学习有着重要的作用，Pawley & Syder（1983）研究认为二语学习者在学习语言的过程中，不仅需要对第二语言中的规则进行学习，同时也要掌握相关一系列的词汇化句干，这样可以使得他们提高对语言处理的效率，促进第二语言的学习和掌握，因此语块对于第二语言学习者来说是非常重要的。对于二语学习者口语语块的相关研究，Hsu & Chiu（2008）的研究发现，对学习者实施的搭配测试与他们口语表达任务的成绩之间存在较强的关联，说明学习者口语表达中固定搭配的使用有助于提高口试成绩。Boers 等（2006）和 Stengers 等（2010、2011）研究再次证明英语为第二语言的学习者语块的使用对口语的表现有较大的影响，这些研究都表明学习者语块运用的能力与他们的语言水平之间存在较强的相关，因此语块的习得对于促进学习者对语言的学习和掌握可以起到积极的推动作用。

1.2.2　国内汉语语块研究

继国外研究者提出语块理论并开展研究后，国内学者也开始对汉语中存在的语块现象进行思考和研究，汉语本体研究中的语块现象很早就被学者们关注，研究者们从各自的角度提出了一些想法。鲁川等（2002）对汉语句子语序从认知和交际两个角度进行了研究，他提出汉语句子的基本单位是"语块"，他认为汉语单句（事件）是语块的序列，一个单句有 7±2 个语块，这一研究可以看作是较早地对汉语语块从整体的角度的认识。钱旭菁（2008）认为在不同的语法层面都存在着语块，因此可以从不同的语法层面去对汉语语块进行研究。贾光茂、杜英（2008）对汉语语块的分类和功能进行了探究，按照结构是否可变的原则将汉语语块分为凝固结构和半凝固结构，并尝试从人际功能，话题、话语组织语等角度对汉语语块的功能进行分类，这一研究主要是在借鉴国外相关研究成果的基础上对汉语语块的分类和功能进行了分析，虽然汉语本身具有自身的特点，无法完全借鉴国外相关研究成果，但是这类研究对于我们更好地认识汉语语块很有帮助。陆俭明（2011）提出了一种新的句法分析法——构式语块分析法，认为构式内部语义配置的每一部分语义，都以语块的形式来负载。这种分析的方法也是结合了汉语语块的一些特点，有助于我们对于汉语语块性质和特点的认识。

1.2.2.1 汉语语块的定义及分类

国内学者从汉语本体出发，对汉语语块进行了定义，如周健（2007）认为语块是"一种经常出现在各类句子中的、具有构句功能的、比词大的单位"。段士平（2008）认为语块是以整体形式储存在大脑中，并可作为预制组块供人们提取使用的多词单位。周惊（2009）将语块定义为由词组成的、大于词的、语义和形式固定的、在语境中经常整体出现、分割后或改变意义或不符合语言习惯的造句单位。她将语块看成一个整体存储和提取的块。李慧（2013）认为语块是指在语言运用中作为一个整体储存、提取和使用的语言单位。江新、李璧聪（2017）认为语块是固定或半固定的多词组合。通过学者们对于汉语语块的定义可以看出，当前仍然没有形成对汉语语块的一致性定义。

对于汉语语块的分类，研究者们主要是从形式、功能等角度进行分类，如周健（2007）认为汉语语块可分为三类：词语常见组合搭配，习用短语和句子结构的连接成分。贾光茂、杜英（2008）从结构角度把汉语语块分为凝固结构和半凝固结构，这种从结构来分类的方法看起来比较清晰，但是汉语本身具有复杂的特点，因此仅从结构来划分可能会掩盖了汉语语块其他方面的特点。钱旭菁（2008）从语块应该归属的语法层面把汉语语块分为词级语块、句级语块、语篇语块。吴勇毅等（2010）同样根据结构分为固定短语语块、框架语块、离合语块、动补语块、习语块和即时语块，同时在传统分类的基础上提出了即时语块的划分，对于构建更为全面的汉语语块结构体系有一定的参考。李慧（2013）根据构成汉语语块的成分之间所属的关联类型，把汉语语块分为短语、固定语句和框架三大类，在三大类之下再划分为十一个小的类别。王松岩，杜芳（2012）从形式和功能角度对语块进行了分类，其中功能角度主要是从口语交际角度出发进行的分类，如包括话题、行事、表情等类别。这种分类方法有助于对于口语语块区别于书面语的特点展现出来。陈红（2009）将汉语分为虚词语块、实词语块和固定短语语块三个类别。王雪男（2017）将语块划分为"熟语""框架格式""搭配"；其中，"熟语"包括成语、谚语、格言、惯用语、歇后语、习用语、名言、警句，"框架格式"包括句式结构、框架结构、关联结构，"搭配"可以细分为高频搭配、有限搭配、固定搭配。江新（2017）根据语块的形式是否是连续的将语块分为两大类：连续式语块和框架式语块。连续式语块包括短语语块和句子语块。短语语块包括成语、惯用语、常见搭配和固定组合。这种分类的方法是将语块看作一个连续统，本文认为将语块看作一个连续统是能够使得语块的分类更加全面的。

王凤兰、于屏方、许琨（2017）采用语料库频率提取的方法，结合语义、语法、语用三个标准对汉语语块进行了分类，这种分类的方法能够将语言使用中搭配共现频率高的语块提取出来，帮助我们更好更全面的认识语块，而不是仅仅局限在对于语言的感知上来对语块进行分类。这篇文章从语料库的角度对汉语语块进行研究，为考察汉语语块的特点提供了新的研究方法，同时文章对于语块中的高频搭配的关注也有利于我们更好地认识汉语语块的特点。

从对外汉语教学视角下进行的语块分类探索中，本文也得到很多研究启示，如丛珊珊（2010）认为汉语语块是在真实言语交际中经常以高频率出现的，由两个或两个以上词语组合而成的、形式和意义都比较固定的语言单位。杨金华（2009）认为语块的性质是一种言语单位，而不是语言单位，这一观点也主要是从语块的交际功能来考虑的，并且认为应该根据汉语自身的特点来进行分类，不应该套用国外相关研究的分类。王红果（2016）从指导对外汉语教学的角度，认为汉语语块可分为核心语块和扩展语块，不同类型的语块也应该采取不同的教学方法，这一分类对于将语块教学法运用到实际教学中时有一定的参考价值。

1.2.2.2 汉语语块习得研究

国内学者对于汉语作为第二语言的语块习得研究主要分为两个方向，一是从认知语言学或心理语言学角度对学习者汉语语块习得过程进行深入研究，主要围绕语块的心理现实性问题展开，即在学习者的心理词库中，语块是否以整体形式表征、以整体为单位提取。主要运用眼动研究、反应时、ERP 等研究的方法。如张锐（2014）利用在线语法判断和自定步速阅读两种实验方法，针对汉语作为第二语言的学习者，考察他们对于语块的习得心理加工和表征的模式，结果表明了在学习者的心理词库中，汉语语块可能是以整体形式表征的，不同的汉语水平的学习者对于语块的具体表征形式也存在差异。如果学习者的汉语水平越高，那么在其心理词典中，汉语的语块就会更多地以整体表征的形式出现。高珊（2017）利用眼动实验，对母语者和第二语言学习者语块是否具有加工优势进行了分析，结果发现两者在阅读过程中语块具有加工优势。另一个研究方向主要是利用收集的学习者的语料对学习者习得汉语语块的情况进行考察，其中语料来源主要有两种，一种是利用已有的语料库，从中选取所需要的语料，许琨（2015）通过自己搜集口语语料，构建口语语料库，考察了汉语学习者在语块使用等方面的特征和发展趋势，研究表明，不同水平学习者口语语块的运用具有不同的特征，高级水平学习者与母语者语块使用也存在差异。柴俊锋（2010）利用中国英语学习者口语语料库，考察了语块与口语表达流利性之间的关系，结果表明语块对口语的准确度和流利性有促进作用。宗晓丽（2013）通过转写中级水平外国留学生听说课堂语料，对留学生课堂话语语块使用进行了考察。另一种方式则是研究者自己利用问卷和测试的方式来收集语料，王雪男（2017）从偏误角度分析了中高级阶段留学生语块使用过程中出现的偏误，能够更好地认识留学生语块使用的特点。王慧（2007）探究了学习者语块的使用与口语水平之间的关系，通过转写学习者在测试环境下的口语语料，考察学习者语块使用的特点，结果显示学习者如果使用语块越多，汉语水平就越高。黄恋尧（2017）同时考察了中国学生英语口语与写作中语块的使用，比较发现写作中产出的语块数量比口语中产出的数量更多。王文龙（2013）从服务教学的角度出发，在考察对外汉语相关初级教材的基础上，构建出了初级汉语学习者应该学习的语块，这一研究对服务对外汉语语块教学具有一定的意义。宿鸿飞（2009）采用问卷调查的方式对学习者语块学习策略进行了研究，结果发现初级与高级水平学习者语块使用效果比中级学习者更好。这类研究主要重点关注学习者语块使用的情况，如不同汉语水平的学习者在语块使用的数量以及类别上有什么异同，学习者对于语块的使用受到哪些因素的影响等等，但是当前采用实证研究的方法统计语块使用情况的研究仍然较少，研究结论也不尽一致，因此仍然值得在这方面进行更加深入的探索。

1.2.2.3　汉语语块教学研究

汉语作为第二语言的语块教学方面，关于汉语语块教学的研究主要从指导教学的角度进行研究，研究方式主要以教学实验以及分析教材中汉语语块分布情况为主，如王畅（2016）考察了《汉语教程》课文中出现的语块，对语块进行了分类总结，对语块在教材中的出现方式进行了说明。孟令丽（2015）从教学的角度，考察了在四种不同的课型中，语块教学法运用的特点，对于探索不同课型适合的语块教学法有一定的参考价值。孙霄（2011）针对汉语语块在口语教学中的应用，对三套口语教材中的语块进行了归纳总结，能够为汉语语块的教学中口语教材的编写提供借鉴。郑航等（2016）考察了不同语境条件下，汉语母语者和学习者语块加工的情况，结果表明，语境能够影响语块加工的速度，因此在教学语块的时候可以结合语境进行。李丹丹（2017）选取初级阶段的留学生，将语块教学法运用到初级口语的课堂实践中，发现语块教学能够促进学生正确使用词语搭配。

1.2.2.4　学习者汉语口语语块使用研究

对于学习者汉语语块使用情况的研究大多以阅读、写作为主，口语方面的研究目前较少。丁洁（2006）选取口语习用类语块，分析留学生在这类语块上的使用情况。此项研究对于深入认识留学生汉语口语语块的习得情况提供了很好的参考。原萍（2011）探讨了学生在口语中语块的使用特点，但是结果并不像其他学者那样，她发现学生的口语成绩没有明显的提高，学生在不同年龄、年级对于语块的运用，呈现的是不一样的特点。赵铮（2013）考察了不同水平学习者汉语语块使用与口语流利度之间的关系，发现不同类别的语块对学习者口语流利度存在不同的影响，其中框架语块和口语习用语块与流利度之间有显著的相关。房艳霞（2018）考察了提高语块意识学习者口语产出各方面带来的影响，结果表明，提高语块意识可以促进流利度和准确度的增加。

1.3　研究思路

1.3.1　语料介绍

本研究从汉语口语语块的角度切入进行研究，聚焦于口语面试这一种测试情境下汉语学习者口语语料，因此选取的是实用汉语水平认定考试（C.TEST）口语考试录像资料。

本研究选取 C.TEST 口语面试得分为 1~6 分的汉语学习者口语面试录像，在本研究中将得分为 1 分或 2 分的学习者定义为汉语口语初级水平，得分为 3 分或 4 分的学习者定义为汉语口语中级水平，得分为 5 分或 6 分的学习者定义为汉语口语高级水平。本研究分别收集初级、中级、高级汉语学习者各 30 份面试录像，一共 90 份面试录像，将选取的汉语学习者的录像转写为文本，在此基础上做进一步的分析。参考胡凡霞、王雪莹（2011）转写口语语料的原则进行转写。根据两位学者的语料转写原则，本研究在语料转写中注意遵循以下两个原则：

（1）真实性原则。在转写语料的过程中完全忠实于原始语料，对说话人使用的重复性词语或语气词"嗯""啊"等也进行转写；对说话人所说的话语的任何错误不做纠正和修改。

（2）完整性原则，在转写过程中，除了记录说话人的语言之外，对于口语表达中所产生的一些非言语交际成分，如笑、咳嗽、深呼吸等也进行适当标注。按照以上两个基本原则，同时根据收集的语料的具体情况，将考生与面试官所说的话都进行转写、校对。

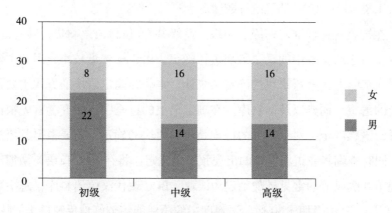

图 2-1　初级、中级和高级学习者人数构成图

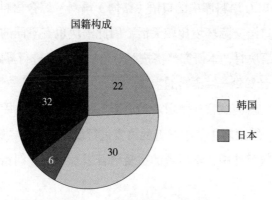

图 2-2　初级、中级和高级学习者国籍构成图

图 2-1 是本研究选取的初级、中级和高级各 30 名，图 2-2 是 90 名汉语学习者的国籍构成情况，其中韩国学习者 22 名，日本学习者 30 名，泰国学习者 6 名，其他国籍包括美国、澳大利亚、新西兰、拉脱维亚、缅甸等多个国籍的学习者共 32 名。

1.3.2　研究步骤

针对本研究提出的问题，本节主要从口语语料的选取、口语语料的转写以及口语语料的分析三个方面来说明本文的研究过程。

1.3.2.1 确定语块及统计数量

在按照统一标准对初级、中级、高级共 90 份口语语料进行转写之后，将对转写之后文本中的汉语语块进行确定，由于样本量较小，因此本研究采用人工的方式进行语块的确定及统计。本研究确定语块的方式主要是母语者的语感、词典以及语料库。在确定语块的过程中，研究者首先根据母语者的语感确定，对于常见的搭配是否为语块的确定，需要根据其语法特点，同时查询其在语料库中的出现频率来确定，将在 BCC 口语（微博）中出现 100 次以上的常见搭配确定为语块。BCC 现代汉语语料库，总字数约 150 亿字，其中微博（30 亿）语料库中的语料能够较好地反映口语的特征，微博（30 亿）语料是来自 2013 年新浪微博；由于本研究关注的是口语语块，因此利用 BCC 语料库中的口语（微博）语料、综合语料来帮助确定汉语语块。由于口语交际环境比较灵活，因此语块也有不同的使用形式，出现模糊不清的语块时，本研究严格按照对语块的定义进行界定。

1.3.2.2 计算每一篇语料的字数

由于本研究将面试官与学习者的语言都进行了转写，因此在确定了语块之后，将每一篇语料中的学习者的语言进行统计，其中"嗯""呃""啊"等不包括在字数统计中，学习者的重复语言以及失误、纠错等语言都包括在统计字数之中。

1.3.2.3 相关统计指标计算

语块界定完成之后，利用 Excel 表格等对每一篇学习者的口语文本中出现的语块进行数量、类别、频率的统计。对学习者口语产出的复杂性和准确性按照相关指标进行统计；利用 SPSS 等统计工具进行数据分析。

表 2-1 语块界定实例分析表

口语水平	口语语料实例	语块使用分析
初级	（1）我很喜欢，嗯，学习汉语，嗯，和待在中国，嗯，嗯，对，我很喜欢中国的，文化，嗯，对，但是我觉得，嗯，汉语是特别难。 （2）嗯，嗯，我不知道，嗯，嗯，怎么说，嗯，那个，那个，那个很大的，嗯，很大的，Buddha，那个。 （3）嗯，北京的，北京，嗯：北京，嗯，比奥斯陆有很多，车。 （4）对不起，对不起。我，那，那，那是我，非常有意思，有跟他们说话，他们，他们的环境，他们的人见面的时候很有意思。 （5）啊，基本上没有，因为，因为目的是工作。所以，下班了以后，我们有时间，那个，跟，同事一起吃饭，一起去玩儿。所以，基本上没有自己的时间。	我很喜欢：填补框架语块我觉得：填补框架语块 不知道：常见搭配语块怎么说：口语习用语块 比……更……：共现框架语块 （误用） 对不起：口语习用语块有意思：口语习用语块跟……说话：共现框架语块 ……的时候：填补框架语块（误用） 基本上：常见搭配语块因为……所以……：共现框架语块 跟……一起：共现框架语块
中级	（1）嗯，参加这个考试目的是为了了解自己的汉语水平，所以参加，报了这个考试。 （2）嗯，很好，很有意思。嗯，怎么说，嗯，因为那城市靠海，然后可以吃到海鲜。 （3）在家里或者宿舍的话，嗯，有一些不方便。 （4）觉得，嗯，就是有一次，在家里，在家里工作的时候，然后，就是一边工作一边看电视吧，突然就，不知不觉就喜欢上了网球比赛，我觉得很很，很激动吧，然后就认识了很多选，选手。 （5）那其实那个时候我对中国有感，有感兴趣的内容是比如说，嗯，我喜欢中国的文化，中国的，那个怎么说呢，中国的东西，那中国的东西，比如说，那中国的汉字还有历史等等。	目的是为了……：填补框架语块 怎么说：口语习用语快 ……的话：填补框架语块 在家里：常见搭配语块一边……一边……：共现框架语块 我觉得：填补框架语块那个时候：常见搭配语块对……感兴趣：共现框架语块（误用） 比如说：口语习用语块 怎么说：口语习用语块

续表

口语水平	口语语料实例	语块使用分析
高级	（1）怎么说呢，可能有的司机不太遵守这个公交的规则，然后，会发生这样的情况。比如说有的看报纸，有的在聊天儿，在汽车的他出来抽烟，在北京差不多天天有这样的情况。 （2）因为那个，我不是他们的，可是那个对我来说，我的客，我的部门，有很多中国的客户。还有那个我回国的工作也跟中国有关系，所以应该那个会说汉语。 （3）不确定，以后呢可能，对，要么在中国找工作，要么在国外找一个跟中国有关系的工作。	不太：常见搭配语块 遵守规则：常见搭配语块有的……有的……：共现框架语块 对我来说：口语习用语跟……有关系：共现框架语块 要么……要么……：共现框架语块 找工作：常见搭配语块

第二节　语块的概念界定

尽管对于汉语语块的定义有很多种，但是我们能从中看出学者们对于汉语语块的一些共同的认识，如在定义中都强调了语块是：比词大、结构相对固定、在交际时方便提取、可以作为整体存储和检索。因此在本节中，基于对语块特点的共同认识，同时结合本研究所考察的口语语块的特点，本文提出了对于语块的定义。

2.1　语块定义

从目前的研究方法来看，学者们对于汉语语块的定义和分类主要采取两种方法，一种是从传统语言学角度，结合语块在形式和意义方面的特点来定义，另一种是不直接定义语块，而是通过语料库的方式利用计算机进行自动提取后对语块进行界定。

本研究仍然采取从传统的形式与意义的角度来定义汉语语块，采取这一方法的主要原因是本研究样本较小，同时只是针对口语面试中口语语块的考察，不适合采取建立语料库，然后通过计算机提取的方式来提取语块，并且语料库提取语块的方式目前也在一些基本问题上存在争议，如对于语块提取频率、长度的设置仍然没有较为完善的方法。因此参考相关研究的定义，在本研究中我们将语块定义为：语块是由两个及两个以上的语素构成的、大于词的、语义和形式固定或半固定的、整体储存在记忆中，使用时可以直接提取，不需要进行语法分析的固定组合单位。

2.2　语块与其他语言单位的关系

2.2.1　语块与词

词是由语素构成的，是语言中最小的能够独立运用的有音有义的单位，可以单独成句。词与语块有着一些相似之处，关系较为紧密。在本研究中，我们将汉语语块定义为由两个及两个以上的语素构成的，大于词的单位，因此，对于两个和两个以上语素的组合是词还是语块，在本研究中，能够明确词性的，能归入词的就归入词。

2.2.2　语块与短语

本研究认为语块和短语之间的关系也比较密切，但是也存在一些区别。从形式上来说，语块和短语都是比词大的单位，但是语块的形式更加丰富，如存在"越……越……"，"一方面……另一方面……"这样的非连续的组合形式，而短语的组合形式一般是连续的。吕叔湘先生（1979）曾提出区分词和词组的原则，即：短语（词组）的组成，原则上应该是自由的，应该是除意义之外没有任何限制的。本研究认为这一原则也可以用来区别语块与短语。从意义上来看，短语的意义一般是各个组成成分之间意义的相加，但是语块的意义有一些无法通过成分之间的意义进行理解，如"有的是""小意思"等。语块中也存在一些意义透明的组合，但是由于组合成分经常一起出现，因此逐渐形成了高频的搭配，如"历史—悠久""锻炼—

身体""养成—习惯"等等。

2.2.3　语块与句子

对于语块与句子之间的关系，本研究认为句子包含语块，语块是比词大的单位，可以用来构句，但是有些语块本身也可以成句，如熟语中的名言、警句本身也是句子，口语中经常使用的一些句子也可以纳入语块的范畴语，如"你好""谢谢""不客气""好久不见""（祝你）生日快乐"等，因为我们是以整体的方式来使用和存储这些句子的，它们也具备了语块整体性、容易提取和使用的特点。因此，一般来说，我们认为语块小于句子，但是在句子层面也存在语块。

通过以上语块与其他语言单位关系的分析，可以看到汉语语块与各级语言单位之间并不是完全分离的关系，但仍然具有一些区别特征，根据本研究对于语块的定义，我们认为语块是大于词的，同时在短语层面和句子层面也存在语块，因此是否是语块，还应该根据具体语块的形式、功能来确定。

第三节　语块的类型

在语块的分类方面，国外学者对于英语语块的分类基本是从形式、功能角度来进行的，国内学者对于汉语语块的分类也较多地从这两个角度来进行，但是汉语具有自身独特的特点，因此我们要在了解汉语特点的基础上来对汉语语块进行分类，本节内容首先介绍了汉语本身的特点，然后在基于这些特点，同时结合已有的相关分类研究对汉语语块进行了分类。

3.1　汉语的特点

汉语缺乏像印欧语系那样丰富的形态变化，因此虚词在汉语里承担着非常重要的语法任务，起着非常重要的语法作用。同时汉语的虚词数量比较多，用法也各有特点，由此便形成了形式丰富、功能多样的汉语虚词语块，这是汉语语块分类研究中不可忽略的内容。

汉语中存在的大量的熟语也是汉语语块系统的特点之一。比如：成语、歇后语等。这些熟语由于经过长时间的沉淀，在形式和意义上都慢慢固定下来，被人们认可和接受，因此，在构建汉语语块分类体系时应该将熟语纳入其中，这样汉语语块体系才能更加完整。

3.2 本研究的语块分类

本研究认同王雪男（2017）和江新（2017）的分类，即将汉语语块看作一个连续统，同时结合本研究想要考察的汉语学习者口语测试中口语产出语块的特点，首先从语块的形式上将语块分为两大类，即连续类与框架类语块，其中，连续类包括熟语类语块、常见搭配语块与口语习用语块，框架类包括填补框架语块与共现类框架语块。从熟语到常见搭配语块构成了语块的连续统。熟语类语块主要包括成语、惯用语等等，而本研究所选的 C.TEST 口语面试中涉及的话题主要是一般日常类话题，因此本研究不考察熟语类语块，只考察四类语块的使用情况：

3.2.1 常用搭配

常用搭配主要包括固定组合与高频搭配，固定组合主要指内部成分结合紧密，具有固定意义的组合，如不得了、怎么办等等，高频搭配在本研究中指的主要是口语交际中共现频率较高的搭配，如很高兴、不太、第一次等等，本研究在确定高频搭配时主要根据语感以及参考 BCC 语料库中搭配的出现频率，本研究将在 BCC 语料库综合语料库中出现次数为 100 次以上的确定为高频搭配。

3.2.2 口语习用语块

在口语交际的环境中，有一类语块具有特定的语用意义，能够用来表达说话人的观点态度，达到互动交际的效果，因此本研究将这一类语块定义为口语习用语块，如有的时候、怎么说、对我来说、不好意思等等。

3.2.3 填补框架语块

填补框架语块主要是指带空的、包括短语层面和句子层面的语块，这类语块一般出现时需要将前面或后面的内容补充完成，才能表达完整的意思。短语层面如"……的时候""……的话""句子层面如我觉得……""我认为……""我感觉……"等等，因为在口语交际过程中，短语层面的填补框架有时候也能看作句子层面的填补框架，因此，本研究在统计过程中将短语层面和句子层面出现的填补框架语块不做进一步的区分，统称为填补框架语块。

3.2.4 共现框架语块

共现框架语块主要指的是包括两个共同出现的部分的语块，这类语块其中一个部分出现时，另一个部分一般需要同时出现来使表意完整，如"是……的""跟……一起""太……了"等等，这类语块也涉及短语层面和句子层面，本研究统称为共现框架语块，不做进一步区分。同时关联结构在本文中也看作共现框架语块，如"因为……所以……""虽然……但是……"等等，但是由于在口语交际中会出现省略其中某一部分的情况，整个句子在语义结构上仍是完整的，本文也将这种关联结构看作共现框架语块。

表 2-2　本研究语块分类表

语块分类		举例
连续类语块	常用搭配语块	不太；为什么；没问题；基本上；看起来；那个时候；克服困难；打电话；买东西；
	口语习用语块	怎么说；不好意思；有时候；不客气；对不起；没关系；比如说；
框架类语块	填补框架语块	我觉得……；……的话；我想……；我看……；我叫……；……之类的；
	共现框架语块	是……的；从……到……；跟……一起；对……感兴趣；太……了；

第四节　语块在口语面试考生表达中的分布

在本节中主要是对初级、中级、高级水平学习者语块使用差异的分析，主要从语块使用频率、丰富度、准确度三个方面来进行。

4.1　初级、中级、高级汉语学习者口语语块使用频率差异分析

由于学习者使用的语块长度不等，同时初级、中级、高级学习者的语料篇幅不等，因此本研究采取计算学习者使用的标准频率来分析不同口语水平对于语块的总体使用情况。标准频率是指每 10 万词语料中语块出现的频数，许琨（2015）指出，与原始频率信息比较，标准频率信息能够更加准确地反映出学习者对于语块使用的量化差异。语块的标准频数的计算方法是：语块数 / 口语总字数 × 10000，也就是在假定学习者产出口语语料恒定的情况下语言使用者使用语块的数量。标准频数越大，表明语块使用越多。

表 2-3　初级、中级、高级学习者语块使用标准频率表

口语水平	语料总字数	语块总字数	语块字数比例	标准频数平均值
初级	28850	5608	19.438%	653.977
中级	40909	9566	23.383%	748.477
高级	57497	11592	20.161%	636.534

从表 2-3 可以看到，在本研究中，初级、中级、高级学习者口语产出的语块在整个口语产出的语料中所占比例都较小，初级为 19.438%，中级为 23.383%，高级为 20.161%；语块使用标准频数上，初级为 653.977，中级为 748.477，高级为 636.534，中级水平学习者语块使用频数是三个水平中最大的，其次为初级水平学习者，最后是高级水平学习者。

表 2-4　初级、中级、高级学习者语块使用标准频率方差分析表

	平方和	df	均方	F	显著性
组间	474098.737	2	237049.368	10.775	0.000
组内	1913989.140	87	21999.875		
总数	2388087.877	89			

表 2-5　初级、中级、高级学习者语块使用标准频数多重比较表

（I）口语水平	（J）口语水平	均值差（I-J）	标准误	显著性	95% 置信区间	
					下限	上限
初级	中级	−144.4997919*	38.2969757	0.000	−220.619178	−68.380406
	高级	17.4428821	38.2969757	0.650	−58.676504	93.562268
中级	初级	144.4997919*	38.2969757	0.000	68.380406	220.619178
	高级	161.9426740*	38.2969757	0.000	85.823288	238.062060
高级	初级	−17.4428821	38.2969757	0.650	−93.562268	58.676504
	中级	−161.9426740*	38.2969757	0.000	−238.062060	−85.823288

*. 均值差的显著性水平为 0.05。

对标准频数的方差分析结果显示：$F_{(2, 87)}=10.775$（$P < 0.05$），说明三个水平学习者的平均标准频数之间至少有一对有显著差异，因此还需进行进一步检验，通过事后多重比较显示，在本研究中，中级水平学习者与初级水平、高级水平学习者语块使用的标准频数之间存在显著性差异（$P < 0.05$），而初级水平学习者与高级水平学习者之间不存在显著差异（$P=0.650>0.05$）。结果表明，在本研究中，中级水平学习者语块使用标准频数是初、中、高三个水平中最大的，中级水平学习者语块使用数量明显多于初级、高级水平学习者。从初级到中级，学习者使用语块数量有明显增加，而中级到高级，学习者使用语块数量有明显减少，三个水平学习者语块使用数量呈现先增加后减少的趋势。

4.2 初级、中级、高级汉语学习者口语语块使用丰富度差异分析

本研究主要考察在口语面试中考生对常见搭配语块、口语习用语块、填补框架语块以及共现框架语块的使用情况。因此本节中将对初级、中级、高级三个水平的考生的语块使用丰富度进行分析。语块的丰富度指语块使用的多样性，计算方法是：标准化类型符比＝语块类符数／语块形符数，也就是考生使用语块的不同种类数占所使用的语块总数的比值。比值越大，表明语块使用的类别越丰富。

表 2-6 初级、中级、高级学习者语块使用丰富度表

口语水平	总体丰富度	常见搭配语块	口语习用语块	填补框架语块	共现框架语块
初级	0.3443	0.1232	0.0821	0.0731	0.0658
中级	0.5053	0.2492	0.0869	0.0982	0.0710
高级	0.5409	0.2618	0.1018	0.0966	0.0807

表 2-7 初级、中级、高级水平学习者语块使用丰富度方差分析表

	平方和	df	均方	F	显著性
组间	0.659	2	0.329	37.354	0.000
组内	0.767	87	0.009		
总数	1.425	89			

表 2-8 初级、中级、高级水平学习者语块使用丰富度多重比较表

（I）口语水平	（J）口语水平	均值差（I-J）	标准误	显著性	95 置信区间	
					下限	上限
初级	中级	−0.1610152*	0.0242413	0.000	−0.209197	−0.112833
	高级	−0.1966185*	0.0242413	0.000	−0.244801	−0.148436
中级	初级	0.1610152*	0.0242413	0.000	0.112833	0.209197
	高级	−0.0356033	0.0242413	0.146	−0.083785	0.012579
高级	初级	0.1966185*	0.0242413	0.000	0.148436	0.244801
	中级	0.0356033	0.0242413	0.146	−0.012579	0.083785

*. 均值差的显著性水平为 0.05。

对初级、中级、高级三个水平学习者语块使用丰富度方差分析结果显示：$F_{(2, 87)} = 37.354$（$P < 0.05$），说明在三个水平学习者的语块使用丰富度之间至少有一对有显著差异，因此还需进行进一步检验，通过事后多重比较显示，初级水平与中级、高级水平学习者语块使用的丰富度之间存在显著性差异（$P < 0.05$），而中级与高级水平学习者之间不存在显著差异（$P=0.146>0.05$），说明在本研究中，从初级到中级，学习者语块使用的丰富度有明显增加，从中级到高级，学习者语块使用丰富度没有显著变化。高级水平学习者与初级、中级水平学习者语块使用的标准频数存在显著差异，说明高级水平学习者语块的使用低于初级和中级学习者。

表 2-9　初级、中级、高级学习者四类语块使用比例表

口语水平	常见搭配语块	口语习用语块	填补框架语块	共现框架语块
初级	34.003%	22.270%	27.702%	16.024%
中级	41.150%	18.670%	27.224%	12.957%
高级	44.583%	16.540%	25.457%	13.420%

从表 2-9 可以看到，从整体来看，在本研究中，初级、中级、高级学习者对于常见搭配类语块的使用比例最大，初级使用比例为 34.003%，中级为 41.150%，高级为 44.583%，从初级到高级，对常见搭配类语块比例呈上升趋势。其次是填补框架语块，初级使用比例为 27.702%，中级为 27.224%，高级为 25.457%，再次是口语习用语块，初级使用比例为 22.270%，中级为 18.670%，高级为 16.540%。最后是三个水平的学习者都使用比例最小的共现框架语块，初级使用比例为 16.024%，中级为 12.957%，高级为 13.420%。

4.3　初级、中级、高级汉语学习者口语语块使用准确度差异分析

表 2-10　初级、中级、高级学习者语块使用准确度

口语水平	初级	中级	高级
准确度	0.8817	0.9409	0.9553

表 2-10 为初级、中级、高级三个水平学习者语块使用的准确度，可以看到，在本研究中，三个水平学习者对于语块的使用总体准确度较高，初级为 0.8817，中级为 0.9409，高级为 0.9553，语块使用准确度从初级到高级整体呈上升趋势。

表 2-11　初级、中级、高级学习者语块使用准确度方差分析

	平方和	df	均方	F	显著性
组间	0.092	2	0.046	15.690	0.000
组内	0.254	87	0.003		
总数	0.345	89			

表 2-12　初级、中级、高级学习者语块使用准确度多重比较

（I）口语水平	（J）口语水平	均值差（I–J）	标准误	显著性	95 置信区间 下限	上限
初级	中级	−0.0593122*	0.0139427	0.000	−0.087025	−0.031600
	高级	−0.0736648*	0.0139427	0.000	−0.101377	−0.045952
中级	初级	0.0593122*	0.0139427	0.000	0.031600	0.087025
	高级	−0.0143527	0.0139427	0.306	−0.042065	0.013360
高级	初级	0.0736648*	0.0139427	0.000	0.045952	0.101377
	中级	0.0143527	0.0139427	0.306	−0.013360	0.042065

*. 均值差的显著性水平为 0.05。

对初级、中级和高级水平学习者口语语块使用准确度进行方差分析，

结果显示：F（2，87）=15.690（P＜0.05），说明在三个水平学习者的口语语块使用准确度之间至少有一对有显著差异，因此还需进一步检验，通过事后多重比较显示，在本研究中，初级水平和中级、高级水平学习者口语语块使用准确度之间存在显著性差异（P<0.05），而中级与高级水平学习者之间不存在显著差异（P=0.306>0.05），说明从初级到中级，学习者语块使用准确度有明显的提高，而从中级到高级，学习者语块使用准确度没有显著变化。

第五节　口语准确性研究及语块使用频率统计

5.1　口语语块使用与口语准确性相关分析

Skehan（1996）指出准确性是指学习者产出的语言在多大程度上符合目标语言的规则系统。对于口语的准确性主要是对第二语言学习者在语音、词汇、语法等方面的运用准确程度进行考察。准确性的测量指标是多种多样的，其中无错误 T 单位数量与 T 单位总数之比是得到较为广泛运用的一个指标，这一指标指的是完全正确的 T 单位数量占 T 单位总数的比例，所得数值越大，准确性越高。

本文借鉴肖洋洋（2014）的方法，如果这类不完整句含有主语及谓语动词，统计时视为一个 T 单位，如果只是一个词或名词性词组，则不属于句子，统计时，不算作 T 单位。另一方面，在统计的过程中也发现一些说话人会习惯性的使用某些关系词，如"然后""所以"，但是其实有时候这些关系词并没有对前后话语起到连接的作用，而只是说话人口语表达的一种习惯。因此，对于这类现象，本文根据具体情况进行判定前后语句之间的关系，在此基础上来对语料中出现的 T 单位进行统计。

表 2-18　三个水平学习者正确 T 单位与 T 单位总数比值表

口语水平	正确 T 单位与 T 单位总数比值
初级	0.5923
中级	0.6753
高级	0.7635

表 2-19　初级、中级、和高级口语准确性方差分析表

	平方和	df	均方	F	显著性
组间	0.440	2	0.220	19.511	0.000
组内	0.981	87	0.011		
总数	1.422	89			

通过对三个水平学习者正确 T 单位与 T 单位总数比值的方差分析表明，F（2，89）=19.511，P<0.05，说明初级、中级、高级水平学习者正确 T 单位与 T 单位总数比值至少有一对之间存在显著差异，事后多重比较也显示，初级、中级、高级水平学习者之间均存在显著差异，即从初级到高级，学习者口语表达准确度有明显提高。

相关系数又称为线性相关系数，是用来衡量变量之间线性相关程度的统计指标。相关系数用 r 来表示，r 值的取值范围介于 −1.00−+1.00 之间，r>0 时为正相关，r<0 时为负相关。r=0 时表示不相关；r 的绝对值越大，表明相关程度越高。

表 2-20　初级、中级、高级学习者语块使用与口语准确性相关分析表

		语块准确度	语块数量	语块丰富度	口语准确性
口语准确性	Pearson 相关性	0.557**	0.370**	0.376**	1
	显著性（双侧）	0.000	0.000	0.000	
	N	90	90	90	90

**. 在 0.01 水平（双侧）上显著相关。

通过对初级、中级和高级三个水平学习者语块使用的数量、丰富度以及准确度与口语产出的准确性之间的相关分析，结果显示，语块使用数量与口语准确性之间相关系数为 0.370，只存在一定程度的相关，表明在本研究中，初级、中级、高级学习者语块使用的数量对学习者口语产出的准确度影响较小；语块使用丰富度与口语准确性之间相关系数为 0.376，只存在一定程度的相关，表明初级、中级、高级学习者语块使用的丰富度对学习者口语产出的准确度影响较小；而语块使用的准确度与口语产出的准确性之间相关系数为 0.557，存在中等强度的相关，表明初、中、高三个水平学习者语块使用的准确率对学习者口语产出的准确率有一定的影响。

5.2　不同水平汉语学习者口语使用频率最高语块统计

在搜集整理初级、中级和高级三个水平学习者口语语块的过程中，发现学习者对一些语块使用频率较高，因此将这些高频使用的语块统计出来，考察这些高频使用的语块在初级、中级、高级学习者口语语块中的使用比例。

表 2-21　初级、中级、高级水平学习者使用频率最高 10 个语块

初级	数量	中级	数量	高级	数量
我觉得……	114	我觉得……	276	我觉得……	246
……的时候	115	……的时候	193	……的时候	199
我喜欢……	75	……的话	134	……的话	166
……的话	70	怎么说	88	比如说	115
不知道	64	比如说	78	怎么说	91
怎么说	49	因为……所以……	73	是……的	89
是……的	46	我喜欢	61	因为……所以……	88
跟……一起	42	有的时候	59	有的时候	60
有的时候	38	是……的	54	对我来说	53
有意思	31	不太	49	不太	56

可以看到，初级、中级、高级学习者使用频率最高的 10 个语块有一部分是重合的，如"我觉得……""……的时候""……的话""有的时候""是……的"，初级学习者使用频率最高的 10 个语块占初级学习者语块总数量的 33.949%，中级占 31.876%，高级占 32.700%。

第六节　本章小结

本章通过对于三个水平考生在汉语口语面试情境中使用语块的考察分析，研究发现考生在口语表达中使用语块，能够帮助考生在即时的口语交际中组织语言，达到交际效果。但是不同水平的考生在语块使用的量化和质化的特征上具有不同的特点。具体研究发现：

（1）在语块使用数量方面，中级水平学习者的语块使用数量明显多于初级和高级学习者（$P<0.05$），初级与高级水平学习者的语块使用数量没有显著差异（$P=0.650>0.05$）。

（2）在语块使用丰富度方面，中级和高级水平学习者语块使用丰富度明显高于初级水平学习者（$P<0.05$），但中级和高级水平学习者之间没有显著差异（$P=0.146>0.05$）。

（3）在语块使用准确度方面，中级和高级水平学习者语块使用准确度明显高于初级水平学习者（$P<0.05$），但中级和高级水平学习者之间没有显著差异（$P=0.306>0.05$）。

（4）相关分析结果显示，语块使用准确度与口语准确性有中等相关，相关系数为 0.557。

基于上述研究结果，本文尝试对该结果产生的原因进行了探讨，并整理出了本研究范围内，三个水平考生在口语面试中使用频率最高的 10 个语块，希望对汉语口语教学具有切实可行的参考价值。

第三章　汉语口语面试中考生非流利填充语研究

第一节　概　述

1.1　研究目标

我们先来看以下几段汉语二语学习者的口语语料：

语料1：我，嗯，我在我家，我经常在我家学习中文。嗯，嗯，我，我经常，我经常看电视，（听不清楚）。嗯……我，我，我，我常常，嗯，我常常，嗯，我常常练习，中文的考试。这么，这么，这么，我学中文。

语料2：现在说就总体上是友爱，嗯，我也想还是要，尊重，对方的立场，和对方的想法，嗯，不要固执于自己，嗯，个人的想法，还是要，需要那个协调，有这个，精神是很重要。

从上面两段语料中，作为汉语母语者的我们可以明显感知到语料1中的说话者和语料2中的说话者汉语水平不同，后者明显汉语水平更高一些。究其原因，除了词汇、语法方面的因素外，更多的是因为后者说话的时候不像前者那么"磕磕巴巴"，而这种"磕磕巴巴"就是我们所说的流利性，它是衡量二语学习者的口语能力的一个重要指标。

那么，我们怎么判断一个二语学习者的口语流利度呢？一般是根据口语中出现的沉默、填充、重复、修正等这类非流利现象。我们普遍认为，这些现象出现的越少，口语越流利。但细想又发现，这些被我们判定为不流利的现象，母语者同样会出现，但却没有人怀疑母语者的母语能力。那么怎么解释这种矛盾呢？是二语者和母语者在非流利现象中的表现不同还是使用的测评标准出了问题？

因此，基于以上思考，本研究从实用汉语水平认定考试（C.TEST）口语面试中选取了51份语料，对其进行转写、标注，对比了不同水平的汉语二语者和母语者在口语面试中出现的非流利填充语的频率及位置分布，并尝试分析其功能及出现非流利填充语现象的原因，希望更深入地探究影响汉语二语者口语流利度的根本因素，在与母语者的对比中看到二语者口语中出现的填充语是怎样影响其口语能力的。本研究的问题包括：

（1）不同水平的汉语二语者在口语考试中非流利填充语出现的类型和频率总体呈现怎样的特征？与汉语母语者有什么异同？

（2）不同水平的汉语二语者在口语考试中非流利填充语出现的分布位置总体呈现怎样的特征？与汉语母语者有什么异同？

（3）汉语二语者使用非流利填充语可以实现哪些话语功能？与母语者使用非流利填充语实现的交际功能相比有何异同？

（4）汉语二语者口语中非流利填充语出现的原因有哪些？与母语者有何异同？

1.2　理论及研究综述

1.2.1　口语非流利性的界定与分类

在理论界，不少国内外研究者都曾对口语流利性下过定义，但这些界定从不同研究目的和研究视角出发，始终未能达成一致。

Leeson（1990）对母语流利性的界定是"虽然说话人所接触的语言素材有限，但可以生成无限多个符合该语言音位、句法和语义句子的能力"。Starkweather（1987）对母语流利性的定义是"话语无论在表达上还是在内容上都无羁绊地不断向前流动的特性……话语流畅的人在口语表达和语言行为上娴熟自如，无须花费太多时间或精力来思考和表达"。Leeson 对流利性的定义是广义而宽泛的，实际上包含了语音、语法、语义等各部分的语言生成能力。而 Starkweather 是从口语自动化程度的角度来界定流利性，认为说话人语言表达越自动化，口语越流利。

对第二语言流利性的界定则更为复杂。整体来说，大多数研究都认为非流利是一种语流中断现象。具体来说，大部分的研究者都认为非流利现象中都含有停顿、重复和修正三种形式。除此以外，不同的研究将其各自认为的不同的非流利表现形式归纳进去。另外，还有部分研究者试图对众多的非流利现象进行总结分类，但也未能涉及非流利的内容话语及本质特征。Fillmore（1979）从口语产出的连续性、准确性、灵活性和创造性这四个层面来概括口语流利性，这种定义虽然在实际口语中很难达到，但它不仅强调了口语表达时间的持续性，更注重口语的语义和语用层面，认为其话语特征更值得关注，是对非流利的内容本质的一次理论探讨。Liddey（1994）从句法特征的视角将非流利分为两类：一种是不影响话语句法连贯性的非流利，包括无声停顿、音节延长和填充停顿；另一种是添加了词汇或其他成分的非流利，必须将这些非流利现象移除才能获得话语的成功解析，包括重复和错误启动。

国内学者对流利性的研究虽起步较晚，仍有不少优秀的成果。郭修敏（2005）把二语口语流利性定义为"以正确的语言知识为基础，高效快速地运作语言的能力。其表现为，能够在言语交际中流畅、从容地表达思想，并使言语听辩者认可其流畅连贯性和可接受性。"从说话者和听话者两个角度界定流利性。马冬梅（2012）在对国内外学者的观点进行述评的基础上，提出了自己的分类体系，她将非流利现象首先分为简单非流利、并列非流利和复合非流利三大类，而在简单非流利中，又区分了非流利停顿、非流利填充语、非流利重复和自我修正这四个小类。

目前对非流利现象的各种界定和分类不一，究其原因，除了理论上的标准不一致，主要还是由于研究的目的和视角不同。本文从汉语口语面试出发，以口语水平测试为目的，重点不在于对各种非流利形式进行穷尽式的、列举式的概括，而在于探求非流利现象产生的原因及本质特征，对二语者与母语者产生非流利现象的原因进行区分，在对汉语二语者进行口语面试时能更准确地测出其汉语水平，提高测试的效度。

1.2.2　非流利填充语的界定与分类

填充停顿（filled pauses）与非填充停顿相对应而存在，指说话者在停顿的间隙插入那些不表达任何意义的非词汇或者词汇等插入语的非流利停顿。填充语（fillers）就是那些弥补语流空白的不表达任何意义的非词汇或者词汇等插入语。部分研究者们将其分为非实义填充语和实义填充语两类，前者主要是一些无词汇意义的语音片段，如 [ɔ]、[e]、[ʌ]、[nɛ]、[ən]、[əm]、[ʌm] 这样的音节或音节组合；后者则具有一定的词汇意义，如"这个""那个"等。

从二十世纪中期开始，国外学者就已经开始关注英语口语产出中的相关非流利填充现象，诸如"um"和"uh"等。Maclay & Osgood（1959）在描写会议语言的犹豫现象时提出了"填充停顿"这一概念。Shriberg（1994）对早期的填充性停顿研究进行了评述："在某些研究中，填充性停顿如'um'和'uh'等被看成非语言元素，与非填充停顿甚至笑声及咳嗽等非语言现象归为一类。而在另一些研究中，填充性停顿则与并列连词、话语标记、模糊语等各种语言要素一起被划归到填充语这一类型。"他很准确地指出填充停顿基于各种不一致的分类标准被划定为不同的类型。国内学者习晓明（1998）认为填充语（填充词）包括用于填充的语音组合、单词、词组及子句（即上文提及的编辑短语）。施静静（2013）关于填充语的分类则更为细致，她将填充语分为下四类：（1）无意义的音节或音节组合；（2）有意义的词或短语；（3）求助性的句子；（4）由于生理因素而产生的添加。

本文根据所收集语料中留学生常出现的填充现象，沿袭施静静（2013）中的分类方法，但有所变更，将非流利填充大致分为三类：一是语音形式填充，二是填充词或短语，三是填充性短句。这其中不仅包含了用于填充的音节和词，还包括填充的短语和短句。这里我们不将由于生理因素而产生的添加归入进去，主要是考虑生理因素而产生的添加，如咳嗽、打喷嚏等，虽然在一定程度上会使语料发生中断，但双方的话语交流却并没有因此打断或话题发生转变。尽管有时对话确实会因为这些生理因素发生话题的转变，如说话人一方咳嗽，另一方询问是否感冒，但本文研究的语料中并未出现，且在面试场景下也几乎不会出现，因此这里在分类时不将其归纳进来。

Riggenbach（1991）基于英语二语的研究指出，流利的英语学习者倾向于使用更多的实义填充词（如英语中的 well、I mean 等）进行停顿，而非流利的英语学习者则较多使用非实义填充词（如 en、oh、er 等）或以沉默方式进行停顿。那么在汉语二语的口语研究中，是否也存在相应的现象呢？使用实义填充词或非实义填充词与汉语学习者的口语流利度有相对应的关系吗？

1.2.3　非流利填充语与口语能力

既然流利度在口语能力中起着如此重要的作用，自然会认为，非流利现象出现得越少，流利度越好，口语能力越高。因此，在判断二语者口语能力时，有时候评分员会陷入一种过度要求流利度的误区。事实上，除去口吃、结巴等病理性语言失调症外，正常人的母语日常言语中大约有 6%~10% 的话语包含重复、停顿、修正等非流利现象（Fox Tree，1995；马冬梅，2012）。可见，对于母语者来讲，话语中出现非流利语也属正常现象。母语者话语中出现了较多的非流利现象，人们也可理解其话语意义，很少有人会质疑他们的语言能力。但是，对于二语者来说，为什么非流利现象的出现却往往被看成是二语水平欠佳的表现呢？

这样看来，我们就需要重新思考口语中出现的非流利现象与口语能力的关系。如果我们将所有口语中出现的非流利现象都认为是口语不流利的表现，是影响口语表现的要素，势必是过于偏颇的，那么我们就需要重新梳理非流利现象中的各类，寻找口语中出现的非流利现象中哪些是口语能力强的表现，哪些是口语能力不足的表现。换句话说，我们需要找到哪些是和口语能力呈正相关的，哪些是呈负相关的。

有研究表明，中国英语学习者和英语母语者在流利度上存在巨大差异，这里的差异可能体现在非流利语的类别、频次等各方面，那么，汉语母语者和二语者在流利度上是否也存在着类似的差异呢？

1.2.4　从非流利填充语角度对口语能力的评价与测量

既然在母语中出现非流利语是一种自然现象，那么在二语中也应有其存在的理由。一般认为，二语者的语言表现越接近母语者，他的语言水平就越高。非流利现象也应如此。也就是说，如果从非流利填充语角度对口语能力进行评价和测量，唯一的标准应该是母语者口语中出现的非流利填充语的表现，它的出现频率、分布位置、话语功能，也包括它出现的原因。只有分析出二语者和母语者出现非流利填充语原因的异同，才能更准确地对其口语能力进行评价和测量。

事实上，前人对非流利产出深层机制的研究已经有几个较为重要的假说：连续性假设（Clark & Wasow，1998）、基本投入假设（Clark & Wasow，1998）、要求能力模式（Starkweather & Gottwald，1990）、隐性修正假设（Postma & Kolk，1993）等。我们发现，无论哪一种假说在说话人中都有可能存在，并且在一个说话人中也很有可能会同时出现以上几种假说。并且，以上几种假说可能普遍适用于母语者，部分适用于二语者，但对两者非流利产出的原因并未进行有效区分。

在心理和认知语言学领域，国内部分学者主要根据言语产出模型和自我监控理论、认知负载理论、注意力分配理论等，对非流利产出中的停顿、重复、修正等现象进行研究。研究表明，这些现象虽没有传递出说话人的主要信息，但包含了大量的附加信息，同样具有话语功能。如 Clark（2002）的研究表明，说话人需要通过非流利的填充停顿来维持话轮，向听话人表明自己的说话还未结束，需要接着说话。Collard 等（2008）通过事件相关电位实验表明，听话人在听到标志性的非流利语时会提高听话的注意力。在语用学研究中，很多学者也都已经发现了非流利性的话语功能，如：停顿、犹豫等通常发生在拒绝别人和不赞成别人的观点之前，以委婉地表达自己的看法和情感，是话语交流的策略。（如，当不同意别人的看法时，为了礼貌表达，你可能会说："呃……我觉得你的观点不对。"）这些研究也有力地推动了非流利理论体系的完善，但都是个人的、零碎的验证，对其产出的深层机制的研究仍缺乏系统的解释。

卢加伟（2014）对搜集到的中国的英语学习者语料进行话语分析，并假定这些非流利现象出现的原因可能有以下几种情况。

（1）思维表达受阻：不知道要说什么。

（2）语言能力有限：知道要说什么，不知道如何表达。

（3）交流策略：故意为之，从而更恰当地表达想法、情感等。

本文综合前人的研究，考虑到我们并非要对理论体系进行更严谨的探讨，而是为区分二语者和母语者非流利产出的深层原因，为实际的口语测试提供思路，决定采用以上假设。

第一种是人类思维普遍会出现的情况，思维跟不上语言，脑子里的想法已经成型了，语言上还没有想好该如何表达，或者脑中还没有想好要说什么，但是希望维持住话轮，这样就会需要各种填充语来填补语流空白。第二种主要是二语者会出现非流利现象的原因，二语者对目的语不熟悉，语言水平有限，就会在语流中出现较多的非流利语，这正是二语者和母语者的最主要的区别，我们需要考查和测量的也正是二语者的这一部分。第三种情况主要会出现在母语者中，母语者在日常交流时如果需要更恰当地表达自己的想法和情感时，就有可能会故意使用填充语作为他的交际策略。二语者当然也有可能会这样使用，而这正是其语言水平高的表现，这与第二种情况大大不同。

因此，对二语者口语流利性进行测试评估时，可以将它们大致分为两类：第一类是和母语者一致的正常非流利表达，如上文出现的第一和第三种，这类现象无论是在母语者和高水平的二语者中都有可能出现，不仅不影响听话人对对方表达的理解，反而可能帮助提高其注意力。第二类是仅出现在二语者中的表明其语言能力有限的非流利表达，如在简单的词汇、句式中出现的停顿、重复、修正等现象，这种非流利性会影响会话的流畅性，阻碍正常的交流。

弄清楚非流利现象出现的原因对二语习得和语言测试都具有重要的意义：对于那些消极的、由困难引起的非流利，我们在表达时要消除障碍，涉及语言本身的，可考察非流利现象提示的语言使用特征，为学习者提供反面教材；对于那些积极的、有助于交际进行的非流利，更应该深入探讨其策略方式与具体的交际功能，为学习者提供正面案例。

1.3　研究思路

1.3.1　语料介绍

本文所用语料来源于实用汉语水平认定考试 C.TEST 口语面试的语料。该口语面试采用面试官与考生面对面对话或视频对话的方式进行考试，因此语料内容包括面试官话语和考生话语两个部分，其中考生话语就是汉语二语者的口语中介语，而面试官话语则为汉语母语者的语言。这两部分的语料都是本文的语料来源：前者是本文要使用的汉语中介语语料，后者是与之对比的母语语料。

1.3.2　研究步骤

本文选取了 C.TEST 口语面试录像材料中的 51 份对话语料，根据最后考生的成绩将这 51 名考生分为初级、中级、高级三个水平：成绩为 1、2 分的考生是初级水平，共 20 人；成绩为 3、4 分的考生是中级水平，共 14 人；成绩为 5、6 分的考生是高级水平，共 17 人。为保证对考生水平判断的准确性，选取的这 51 份语料均是面试官和复评员两位评分员评分一致的考生语料。这 51 名考生分别来自日本、韩国、哈萨克斯坦、吉尔吉斯斯坦、乌兹别克斯坦、蒙古国、保加利亚、塞尔维亚、比利时、美国、德国、澳大利亚、南苏丹、泰国、马来西亚、印度尼西亚等众多国家，其中男性 24 名，女性 27 名。在此基础上我们将录音的语料进行转写变成文本语料，在对转写的语料进行校对后，我们根据上文建立的口语非流利填充语的分类体系对文本语料进行逐一标注，最后统计这三类非流利填充语出现的频率和分布位置，进而总结出不同水平的外国考生汉语口语非流利现象填充语的总体特征，并在与母语对比的基础上讨论其交际功能和出现原因。

1.3.3　转写与标注规定

为方便数据统计与分析，本文对语料的转写与标注有以下几条具体规定：

（1）语料转写中出现的所有音节都用汉字表示，对于填充的音节或音节组合，则按相近或相似原则转写为相应的叹词形式，如 [ɔ] 写成"哦"、[ə] 写成"呃"、[ʌ] 写成"啊"、[ən] 和 [əm] 写成"嗯"。

（2）文本中出现的所有填充语均用中括号【　】标示，并在其后注明填充语类别。

（3）对于录音中难以辨别的字符串，则使用 @ 的形式加以标示。

（4）相同的汉字标示有可能表示不同的语义，要注意区分。

例1：韩国的出租车不只出租公司的，也有私人的，他自己睡个懒觉，【然后】开出去，看得顺眼就拉，看不顺眼就不拉，就这样。

上句中的"然后"是表顺承的连词，表示接着某个动作或情况之后，如果去掉，则对句意的表达有影响，因此本文将此类连词不归为非流利填充语。

例2：我是都快38岁，属猪的，71年生的。【然后】来自韩国，在中国已待了十五年了。【然后】呢，本身来的时候，就是为学语言为目的来的。

上例中两个"然后"都没有表顺承的连接义，如果去掉，则对句意完全没有影响，因此在本文中都属于非流利的填充语。

例3：－周末不回去？
　　　－【嗯】，周末不回去。

上例中考生的"嗯"是对面试官提问的肯定回答，之后的"周末不回去"重复验证了肯定的态度，因此这里的"嗯"是表示肯定、赞同的意思，我们在本文中不把它归为非流利填充语。

例4：－哦，你学国际教育也就是以后要教汉语，教日语。是吗？
　　　－【嗯】，不是。

上例中"嗯"的后面加了"不是"，表示是对提问的否定回答，那么"嗯"在这里是无意义的，不是表示肯定的意思，而是思考时的音节填充，属于非流利的一部分。

相同的汉字，但我们只对例2中的非流利填充现象进行标注，因此需要谨慎区分。

第二节　汉语二语者非流利填充语的类型和频率

根据前文所述，本文将非流利填充语分为填充性音节或音节组合、填充词或短语、填充性短句三类。经过对这51份语料进行统计，我们共得到2962次非流利填充语，占总字符的3.3%。表3-1是这三个水平的学习者的填充语出现的频次及占总字符数的百分比。

表3-1　不同水平学习者的填充语出现的频次和百分比

	填充性音节或音节组合	填充词或短语	填充性短句	总计	文本语料总字符数	占字符数百分比
初级	851	256	38	1145	24757	4.6%
中级	557	194	16	767	23006	3.3%
高级	401	580	69	1050	40744	2.6%

从上表中可以明显地看出，从初级到中级再到高级，汉语二语者的非流利填充语出现的频率根据其水平在逐级降低。这跟我们在统计之前的预估一致，学习者的汉语水平越高，非流利填充语出现的频率越低。

另一方面，我们对这51份汉语二语者语料进行统计，共得到2962次非流利填充语现象。表3-2为这三类填充语出现的频次和占非流利填充语现象总数的百分比。

表3-2　三类填充语出现的频次和百分比

	初级	中级	高级	总计	占百分比
填充性音节或音节组合	851	557	401	1809	61.1%
填充词或短语	256	194	580	1030	34.8%
填充性短句	38	16	69	123	4.1%

从上表中可以清晰地看到，在填充语的三个类别中，填充性的音节或音节组合这一类的出现频次要远远高于其他三类，占总次数的百分比高达61.1%。是汉语二语者口语中最常出现的一种非流利现象，考生在语流中无意识地添加这一类填充语是影响其流利性的最重要的因素。为何这类无意义的填充音节会被学习者如此频繁地使用呢？大多学者对此的初步解释是：音节或音节组合的发音比较简单，很多语言的口语中都会出现如嗯、啊、呃这类音节，学习者在口语表达中遇到困难时，首先就会倾向于无意识地使用这种通用的音节填充，而非后期习得的目的语中的词汇或短语。

2.1　填充性音节或音节组合

如果单对填充性音节或音节组合进行进一步考察，我们会发现，在初级、中级、高级三组不同水平的二语者中，此类填充语出现的频率在逐级递减。由此可见，填充性音节或音节组合的出现频率与汉语学习者的语言水平成反比，即语言水平越高，此类现象出现的频率就越低。

我们对文本语料进行进一步统计，可以发现：位于此类填充语中前两位的音节是："嗯"和"啊"。对此的一种解释是："不同的音节或音节组合在说话者进行言语计划和执行言语表达任务的过程中起着不同的作用，产生不同的效果，如赞同、否定、强调、插入话题等等"（周俊英、周国宁，2010）。也就是说，"嗯""啊"这类音节在口语表达中起着赞同、否定、强调等等之类的作用，但本文在一开始的标注规定中表示，当这类音节或音节组合在口语对话中起着实际意义时，则不被归纳到本文的非流利填充语分类中，这是由于这类功能在实际语言交流中起着不可替代的作用，而无论是二语者还是母语者，都会在日常会话中如此使用，那么对此进行频率的统计则无意义，因此不属于本文所讨论的非流利的部分。对此的另一种解释是从语音学角度出发：像"嗯"[ən]、"啊"[ʌ] 这类音节开口度小，发音较为省力，说话者为了弥补语流上的空白，往往会选用发音最容易音节来填补语流空白。本文认为这种解释更为合理。

2.2　填充词或短语

通过对语料的统计分析，我们发现，汉语二语者在对话中不仅大量使用填充性音节和音节组合，填充性词或短语也为数不少。但填充词或短语出现的频率并没有根据学习者水平的高低而有明显规律性的递增或递减，也就是说，这类非流利现象出现频率与二语者的语言水平关系不大，其使用具有很大的随机性。于是我们对高级组语料中的填充词和短语进行进一步分析，发现其中一名高级组考生在口语考试中一个人就出现了多达 184

处的填充词或短语，部分语料如例5：

例5：【那个】，这，我这，他们在【那个】就是为了捐款，【那个】就是帮助这些灾区人民，帮助就是【那个】灾区人民捐款，而排队，然后【那个】第，第二名，排队第二，第二个人好像就是，老板似的……

该考生由于重复使用同一个习惯性的填充词"那个"，大大增加了高级组填充词或短语出现的频率，另有四名高级组考生在个人语料中出现的填充词或短语也各有五十多处。

那么，为什么初中级组就没有这样的情况呢？是高级组语料中特有的情况还是只是个偶然？通过分析语料可知，初中级组考生由于水平不足，在表达一个观点或讲述一段话时障碍较多，有时甚至无法表达完整的语句，在使用非流利填充语时多选择简单的填充性音节，还未形成习惯性的填充词或短语，因此自然频次较少，高级组则更多会选择和母语者一致的填充词或短语，尽管可能出现频次过多，而较少使用填充性音节。

对全部语料进一步进行统计，我们发现：在填充词或短语这一类中出现频率最高的词是"那个"，另外"这个""然后""就是"等词作为非流利填充语使用也非常频繁。这些词本身具有特定的含义，比如"这个""那个"作为指示代词本身特指某个事物，但其逐渐虚化，无法起到传递信息的作用，成为我们现在研究的非流利填充语。因此此类填充词或短语的词性是连词还是副词或者代词都不再重要，其原本所起到的承接、指示、转折等功能也在这里弱化，因此，我们在这里不做分类讨论。

另外，还有上文提到的一个现象也值得注意，二语者在选择词或短语作填充语时具有倾向性，也就是说，有的二语者会习惯性使用某一个词或短语进行语流的填充。除了上面的例5外，还有下例：

例6：就我觉得最深的印象呢，是就是去观察的人，我觉得主要是，是男人，特别爱，爱汽车的人，爱车的人，【然后】，就是他们去看的呢是，

@@ 这个展览的，的地方呢，会有，会好像每一个车牌，每个公司都会有自己的一个，一个地方，【然后呢】他们会有啊一些解释，但是也会有他们所有新款的车，嗯，【然后】可能会有一些模特。是来，来，算，算推销，是来吸引，因为是男人，这些模特当然是是，是女孩儿，对，比较漂亮的女孩儿，【然后呢】……

例 5 中的考生明显将"那个"作为他的惯用填充词，例 6 中的考生倾向于使用"然后"这一填充词，这有点类似于我们所说的"口头禅"。这说明，学习者在习得汉语的过程中会形成自己的习惯和风格。

2.3　填充性短句

汉语学习者在对话中有时也会使用短句作为填充语流空白的手段，这类短句通常与说话内容无关。在本文的研究语料中，绝大多数此类短句都是在自己思维遇到阻碍时脱口而出的问题，如："怎么说呢？""怎么说，不知道"等。部分研究者将考生像老师询问是否结束表达或准确理解话题的短句也视为填充性短句，如："还要继续说吗？""介绍什么？"等。本文认为，这类短句虽与表达内容无关，但在口语交际中是非常正常的，也可以说是交际策略的体现，不能作为非流利的表现，因此在这里不标注。

第三节　汉语二语者非流利填充语的分布位置及其功能

在任何语言表达不畅、思维受到阻碍或是需要使用交际策略时，非流利填充语都有可能出现，其在使用时的分布位置上相对不确定，但却有规律可循，我们可以将它们分为不同的类别。而根据不同的分布位置，填充语又在对话中充当不同的语用功能。在填充性音节或音节组合、填充词或短语、填充性短句这三个类型中，其填充语的分布位置有着较大的不同，因此我们仍需要分类分析。但由于填充性短句出现的频率较低，且独立成句，位置和功能较为固定，就不再具体分析。

3.1 填充性音节或音节组合

由上文可以看出，汉语二语者，尤其是低水平的二语者，在口语中有着过度使用填充性音节或音节组合的现象，且在表达中的大多数位置都有可能使用其进行填充。但整体来说，填充性音节或音节组合主要分布在句首、句中、句尾、分句之间这四个位置。下面我们根据语料例子分别对其功能进行分析。

第一，填充性音节或音节组合位于句首，作为"启动词"。"启动词"的概念是习晓明（1988）在《填充词及其用法》一文中提出的，填充语用于一句话的开头，表示一连串思绪的新起点。这在二语者的文本语料中非常常见，说话人为开启话题或为自己的思考、语言组织预留时间，通常会使用"嗯""呃""啊""哦"等音节来开始自己的表述。如：

例 7：【啊】，初次见面，我叫大久保雄大。

例 8：－你学汉语学了，多长时间？

　　　－【嗯】，大概，五，五年。

第二，填充性音节或音节组合位于句尾，结束话题。

例 9：不但英语，英语而且外国，外国语，我喜欢外国语。【嗯】。

上例中最后的音节"嗯"后面已经没有内容需要表达了，因此是说话人用来表示结束自己陈述的话题内容的方式，提醒听话人这段的表达已经结束。有的时候，说话人还会在最后加上"对"这一填充词，实际上也充当着类似的功能，这部分我们会在下面再谈到。

第三，填充性音节或音节组合位于句中。这里的填充音节是位于分句内部，一句话还没有说完，说话人有时是为自己争取思考或构思语言的时间而采用音节填充语流空白，有时是为了补充或修正前面所说的信息内容。如：

例10：毕业后，一直都没有机会学习汉语，【嗯】，中文。

例11：哦，没有，是我们妈妈的，【呃】，弟弟的孩子们。

例12：但是，这，这些礼物，【嗯】，【啊】，【嗯】，这个是，这个小姐，不喜欢，这些，礼物。

第四，填充性音节或音节组合出现在两个分句之间。一个分句通常表示一个完整句意的结束，因此出现在两个分句之间的填充音节通常表示话题的转换和说话人的思考，或对前一分句信息进行补充解释，或为下一分句所要表达的内容争取构思的时间。如：

例13：在大学学习时候，我开始学习，【嗯】，以后呢，我参加，公司，贸易关系工作，做贸易关系工作。

例14：啊，在，可能在中国的话，应该需要，【嗯】，因为每个地方都不一样，因为如果是在上海在北京的话，可能，可能人太多……

3.2　填充词或短语

上文我们说到，填充词或短语本身是有其特定的含义的，或为连词或为代词等等，但在作为非流利填充时已经虚化，失去了原有的含义，仅作为填充使用，因此，其分布位置实际上并不会受到该词或短语本身的词性或词义的影响。据统计，和填充性音节类似，填充词或短语的分布位置也主要集中在句首、句中、分句之间，少量出现在句尾。下面根据实例对其功能一一分析。

第一，填充词或短语位于开头，引出话题内容，表示言语交际的开始。这一功能与填充性音节或音节组合类似。如：

例 15:【那个】，还有一个，还有一个是，因为大部分的中国人，中国人的公司，大部分的人不知道有这个考试。

第二，填充词或短语位于句末，表示自我判断。有的说话人会在句子的结尾加上填充词或短语，表示对前文所述内容的自我判断，常用的填充词是"对"，有时候和"嗯"连用。如：

例 16:还有这些，比如说，啊，组织一个，一个公司的展览，那些人也都是澳大利亚人，嗯，【对】。

上例中说话人在句尾加上"嗯"，表示对自己之前所述内容的肯定判断，也表示这个话题表达的结束。

句尾使用填充词或短语的情况并不多，多数与说话人的习惯有关。

第三，填充词或短语位于句中或分句之间，用以维系话轮。这种情况下表示的交际功能主要是占据语流空位，向听话人表示自己的表达还未结束，有的是因为语言水平低，在口语对话的过程中，需要努力提取某个词汇或某种表达。如：

例 17:而且现在在中国的话，已经是【那个】独生子女……

例 18:嗯，【然后】第一次负责出口手续的工作，【然后】负责四五年，【然后】有时候公司让我去，香港工作。

例 17 中说话人为了提取"独生子女"这个不熟悉的词汇，于是用"那个"填充。例 18 中虽然我们平时也会使用"然后"作为两个分句的连接，但主要是有明显的时间先后顺序或事件的顺承关系，这里连用三个"然后"，明显是一种非流利的填充。

有的是因为说话人需要对已输出的内容进行修正或者进一步补充，于是用词或短语填充空白。如：

例19：那一代人最，怎么说呢，就保护孩子的那种。【然后】就是给孩子，什么都给他。

例20：我今年三月时候也去上海了，【那个】，四周。

例19中说话人为了进一步解释前文中"保护孩子"的情况，用"然后"填充后对其进行补充说明。例20中是在叙述去上海的时间三个之后再用"那个"来补充说明在上海住的时长。

有的是为下文的表达争取构思时间。如：

例21：爬山以后，人家就把喝的水瓶，塑料水瓶都放在那里，【那样子】，【那样子】就为了，土地为了消耗水瓶，需要经过很多时间……

另外，我们需要在此说明的是，虽然非流利填充语的语用功能与其出现的位置关系紧密，我们在这里也将它们放在一起讨论分析，但是两者实际上不具有一一对应的关系。比如说，出现在句首的有可能是作为启动词，也有可能是为下一步表达争取言语计划的时间，或者它既是启动词又是争取思考时间的缓冲，同时充当着几种话语功能：

例22：【嗯】，【那个】，看法，联合国已经发表很多声明说不要排放二二氧化碳啊，就控制每个国家污染物排出的量。

再比如，用于自我肯定或判断的填充语有时候位于句末，也可能位于句中：

例 23：啊，他们呢，【对】，就是会说说假话，只想让你买他们，他们东西，啊，【对】，他们要要的价钱也会，会比较比较贵，可能是，是可笑的，那么贵。

再比如，说话者对错误表达进行修正时，根据修正的内容，有可能在被替换词语之后使用填充语，也有可能在需要被修正的分句后使用。

总之，非流利填充语的语用功能和分布位置不是一一对应的，其出现有其本身的特征，必须结合所具体的语言环境综合考量，不能单纯依靠出现位置进行判断。

另外还有一点也需要注意，说话人有时会在同一位置重复使用多个填充语，这多个不同的填充语往往具有类似的功能，如例 16。因此我们在分析其功能时一定要根据不同的语境具体分析，不能有僵化的思维。

第四节　汉语母语者语料与二语者语料的对比

4.1　汉语母语者填充语出现的频率及对比

在汉语母语者的日常话语中，非流利填充语也是大量存在的，下面对母语者中填充语出现的频率进行分析，并与二语者进行对比。

4.1.1　汉语母语者填充语出现的频率

我们对这 51 份母语者语料进行统计，共得到 6 万字左右的输出总字符，分类统计如下，表 3-3 为不同水平的二语者与母语者口语产出中出现的填充语频次和百分比。表 3-4 为汉语母语者口语产出中这三类填充语出现的频次和占非流利填充语现象总数的百分比。我们将二语者和母语者的统计数据放在一张表格中，便于直观地对比分析。

表 3-3　不同水平二语者与母语者的填充语出现的频次和百分比

	填充性音节或音节组合	填充词或短语	填充性短句	总计	文本语料总字符数	占字符数百分比
二语初级	851	256	38	1145	24757	4.6%
二语中级	557	194	16	767	23006	3.3%
二语高级	401	580	69	1050	40744	2.6%
母语者	501	162	1	664	61694	1.1%

表 3-4　三类填充语在二语者和母语者中出现的频次和百分比

	二语者					母语者	
	二语初级	二语中级	二语高级	总计	占百分比	母语者	占百分比
填充性音节或音节组合	851	557	401	1809	61.1%	501	75.5%
填充词或短语	256	194	580	1030	34.8%	162	24.2%
填充性短句	38	16	69	123	4.1%	1	0.3%

4.1.2　汉语母语者填充语与二语者填充语的频率对比

　　从上面表 3-3 中我们可以明显看出，母语者在对话中出现的非流利填充语现象仅占总输出字符的 1.1%，远远低于二语者的平均水平，甚至低于高级水平的二语者，这说明在一定程度上，汉语水平越高，非流利现象在口语中出现得越少，这个观点是成立的。这和我们的直观印象相一致。但我们也看到，母语者的非流利表现并不是为零，也就是说，在母语者中，出现一定程度的话语填充，无论是语音填充、填充词或短语或是填充性短句，都是很正常合理的。因此，我们也不应该，也不可能要求汉语学习者在汉语口语输出时完全规避掉这些非流利填充语，一有这种现象出现就认为是水平低的表现。在汉语口语测试中，也不能完全根据非流利现象出现的频率直接判断其汉语水平，如果出现的频率、位置或使用的功能和母语者接近，甚至一致的话，反而是学习者的汉语自然、流利的表现，更能体现其高水平。

从表 3-4 中可看出，和二语者相一致，在所有非流利填充语中，汉语母语者也是非流利填充音节占比最高，其次是填充词或短语，最少是填充性短句。上文中我们在分析二语者的非流利现象时，提出为什么无意义的填充音节会在非流利现象中占比如此之高，一个普遍且初步的原因是，这类音节发音简单省力，二语者在表达遇到困难时无意识地就会用此填充。我们认为这个解释对母语者也通用。汉语二语者在学习汉语时听到母语者的使用，实际上也会无意识地进行学习模仿，汉语母语者哪类填充语用得多，二语者在学习时也会更多地使用这类填充语。这也是为什么各类填充语在所有非流利现象中的占比在母语者和二语者中都较为一致的原因。既然这样，那么又如何解释两者不一致的情况呢？为什么填充性音节或音节组合在母语者中占比远远高于其他两类，而填充性短句则更少，仅为一句？二语者中这三类分布似乎还算平衡，没有这么极端，这是什么原因造成的呢？我们在下文对三类非流利填充语分别进行分析。

4.1.2.1 填充性音节或音节组合

对母语者口语中出现的填充语合进一步考察，我们发现，填充性音节或音节组合共出现 501 次，占文本总字符的 0.8%，与二语初级组（3.4%）、中级组（2.4%）和高级组（1%）相比，确实是比例最低的，这和之前的结论相一致：填充性音节或音节组合的出现频率与汉语学习者的语言水平成反比，即语言水平越高，此类现象出现的频率就越低。而二语高级组此类现象的占比和母语者也几乎接近了。

4.1.2.2 填充性词或短语

再来看填充性词或短语，母语者中，"这个""那个"的出现"有 50% 以上没有指示功能，只起话语标记功能的虚化成分。"（李咸菊，2008：79），也就是非流利填充语"这个""那个"在汉语母语者的口语中是经常存在的。通过统计我们也发现类似的现象，母语者中填充词或短语出现最多的是"这个"，其次是"那个""然后"等。这和二语者中的现象相一致。而二语者中高级组更频繁地使用这类填充性词或短语，可以看作是对母语者的模仿，是与母语者非流利语接近的表现。

母语者中，此类非流利填充语共出现 161 次，占文本字符总数的 0.26%，与二语初级组（1.03%）、中级组（0.84%）、高级组（1.4%）相比，仍然没有明显的规律。这说明，这类非流利现象出现频率与二语者的语言水平关系不大，其使用具有很大的随机性。但是，一般说来，一个二语者汉语水平越高，其填充语的使用不是越多或者越少，而是越接近母语者，但是从这里的数据上看，填充性词或短语在母语者中的是这几组中最少的，而高级组不仅没有接近母语者，反而是最高的。通过进一步考察母语者和二语高级组的语料，发现了以下两个原因：

第一，本文选取的母语者语料是 C.TEST 口语面试中面试官的语料，也就是说，这虽然是母语者的语料，但却不是母语者与母语者对话中的自然语料。在考试的情景下，考官需要以便评估考生的水平一边不断监控自己的语言，比如对低水平的考生使用简单易懂的语言，确保对他的输入是有效的，而对高水平的考生又要使用和他相适应的语言，确保能够准确评估到他的最高语言水平。因此，考官的母语输出和我们平时母语者之间的正常口语会话又有所不同，一方面考官需要减少其非流利填充语的产出，确保自己的话语是简洁明了的；另一方面考官很难有机会有大段自己观点的输出，自然其填充语的产出也会有所减少；再者考官在面试中要使用更为标准规范的汉语，需要避免自己习惯性的"口头禅"的出现，这也会影响其非流利填充语的产出。

第二，上文在分析填充词或短语时也提到，通过对二语高级组考生的语料进行进一步分析，我们发现，有部分高水平考生有着很明显的带有个人习惯性的填充语表达。如：

例 24：因为超市离离我现在住的地方不是很远，一般都骑自行车过去。嗯【然后】出远门，想要打车的时候，找【那个】不是很堵车的时间段出门。最近【那个】坐公交车觉得比较好，因为学生票比较便宜，【然后】公交车呢，坐车，它就会说到你到哪个目的地，所以说不用【那个】担心什么，像出租车的话，堵的时间长，它价钱也会很高。

在这一段自我表述中，考生能够很自然地表达自己日常乘坐的交通工具并说明理由，语法和词汇都没有问题，只是带有习惯性的填充语，因此在我们后期的统计中就会因此而使整体的统计数据大大加大。在汉语母语者中，这种现象也比较常见，有的人就是会习惯性地在表达中加入自己的"口头禅"，但这并不能说明其汉语水平不高。

4.1.2.3 填充性短句

最后，我们对母语者语料中出现的填充性短句进行分析。仅有的一句出现在下例中：

例25：比如说你过生日，假如说你过生日，朋友建议你去餐馆吃饭，也有人说我们还是在家里自己做吧，自己做呢，想吃什么做什么。另外自己做呢，显得，【怎么说】，更，更好一些，是吧，在家里大家一块儿动手。如果是这样两种情况，你自己更喜欢哪一种？

这里母语者的填充性短句的用法几乎和二语者没有差别。

从上面的分析中可以看到，汉语母语者非流利填充语的出现频率与汉语二语者基本一致，即填充性音节或音节组合＞填充词或短语＞填充性短句。但具体来看，两者在各类型上的占比还是有较大差距的，这里面除去语料选取上的偏差，主要体现的是汉语二语者学习汉语水平的差异，水平越高的考生在频率上的表现与母语者越一致。

4.2 汉语母语者填充语的分布位置及功能对比

通过对收集到的母语者语料进行分析，我们发现其分布位置出现的规律仍然可以根据填充性音节或音节组合、填充词或短语、填充性短句这三类进行分类。因填充性短句只有一句，频率过低，没有统计上的意义，因此不再具体分析。

4.2.1　填充性音节或音节组合

从上文的频率统计表（表 3-4）中可以看出，填充性音节或音节组合是母语者的填充语中出现得最多的一类，对其进行统计发现，和二语者类似，这一类填充语主要分布在句首、句中、句尾、分句之间这四个位置。下面我们根据语料例子分别对其功能和原因进行分析。

第一，填充性音节或音节组合位于句首，作为"启动词"。汉语母语者也会使用部分填充音节作为开启话题或对话的"启动词"，其中以"嗯""哦"最为常见。这一点和二语者类似。但其出现的功能和原因就和二语者有所不同。我们看下面两个例子。

例 26：－啊，其实，我从小时候一直对中国很感兴趣，感兴趣。

　　　　－【哦】，感兴趣。

例 27：－啊对不起，那我我听不懂，那刚才老师说的。

　　　　－【嗯】，那我再来解释一下……

以上两例都是前一句是考生的话，后一句是考官老师的回应。老师在回应时都先用"嗯""哦"这类填充音节开头，这在本文收集到的语料中非常普遍。都是作为自我表达的起点，母语者的使用功能和二语者却不同，二语者主要为自己的语言或思考留出时间，而母语者是对二语者的回应，表示"我明白了""你说的是这个意思"等等。

例 28：【嗯】，好，请先简单地介绍一下自己。

上例是考官在面试的一开始说的第一句话，这里并不是对考生话语的回应，而是习惯性地用"嗯"来开启对话，这例中的用法则跟二语者类似。

事实上，在母语者中，此类用法并不像本文收集到的语料中的一样普遍，这从高级组中的二语者语料中略显端倪，因为高级水平的二语者比初中级水平的二语者更接近于母语者，但在他们的语料中却并未出现这样的填充音节的用法。这里主要是因为在面试这个特定场景下，考官有需要给考生反馈才能继续对话的压力，否则直接提问或者表述自己则会略显突兀。一般教师在上课时也会更多地使用这类填充用法。

第二，填充性音节或音节组合位于句尾。二语者在句尾使用音节进行填充主要是为了结束话题，也有点对前面的表述进行自我判断的意思。而母语者在句尾处使用主要是对前面考生的表述进行反馈和判断，这和位于句首的填充性音节功能类似，只不过考官是重复了考生的话语然后对其反馈，这样，这类填充性音节就出现在句尾了。我们看下面两个例子：

例 29：哦，后面有尼桑，【哦】。

例 30：准时睡觉，【嗯】。那你的生活习惯怎么样？

以上两例都是考官先重复了考生的部分表述"后面有尼桑""准时睡觉"，接着出现了填充性音节"哦""嗯"。这里的填充性音节前者表示领会、理解，后者表示肯定判断和结束话题。

这里我们看到汉语二语者和母语者使用的填充性音节体现的交际功能略有区别，但我们需要思考的是，这些交际功能的不同是由于一方是二语者另一方是母语者造成的吗？事实上，当母语者之间日常对话时（非面试场景下的对话），母语者位于句尾的填充性音节会有所减少，因为交际双方不再有评价和反馈对方的压力，当双方处在面试这样的交际场景下，母语者口语中才会更频繁地出现此类的填充音节，因此我们认为，这里交际功能的区别是因为社会角色的不同。

第三，填充性音节或音节组合位于句中或两个分句之间。和二语者一样，母语者中出现的填充性音节或音节组合也会分布在句中或分句之间，且母语者通常也是为了填充语流，维持话轮。但不同的是，母语者不是因为语言能力的问题而需要填充，主要是因为思维的中断或话题的转换，无论是分布在句中还是分布在分句之间，其填充音节都没有因为位置的不同而产生功能的明显区别，因此我们在这里统一分析。

　　例31：嗯，你觉得【嗯】什么样的人【嗯】比较擅长，就是他跟别人能够合作得很好？

　　例32：用日语来写，写中文，【呃】，关于中文教学的。

　　例33：嗯，可以稍微看一下，【嗯】，不着急哈。

　　例34：这有一幅图片，您跟我们描述一下这幅图片，【嗯】，用汉语，尽量地把你的汉语水平表达出来。

　　上面四例中，前两例是位于句中的填充性音节，后两例是位于分句之间的。其中，例32和前文中二语者语料例10类似，对比之后可以更明显地发现，母语者和二语者在口语中都会有"不知道怎么说"这样的思维障碍，表现在语言中就会出现非流利填充语。而分句之间的填充有时是一个意思表达完了，再表达另一个意思之前用音节来填充，如例33；有时是补充说明前一个分句，如例34。这和二语者语料例13、14都很类似。

4.2.2　填充词或短语

　　填充词或短语不仅在汉语二语者中非常普遍，在母语者中也不例外。有学者的研究表明，母语者的日常话语中出现的"这个""那个""有50%以上没有指示功能，只起话语标记功能的虚化成分"（李咸菊，2008：79）。也就是说，填充词"这个""那个"在汉语母语者的口语中是经常存在的，除此以外，"就是""然后"等填充词出现的频率也相当普遍。通过对收集到的母语者语料进行统计，我们发现母语者口语中出现频率最高的填充词或短语依次为：这个、那个、就是、然后。其分布位置主要集中在句中或分句之间，少量出现在句首，极少数出现在句尾。我们分别举例说明其功能。

第一，填充词或短语出现在句中或分句之间。这是填充词或短语出现的最普遍的位置，主要是说话人为了填充在思考后面的表述时出现短暂的语流空白，维系话轮而产生的。如：

例 35：你现在在【这个】，嗯，在做什么工作呢？现在。

例 36：好，我们开始吧。好，欢迎你参加今天【这个】，口语考试。

和二语者不同的是，母语者出现语流空白不是语言能力或水平的原因，但二语者有一部分，甚至很大一部分都是因为对汉语不熟悉，不知道怎样表述。这里我们需要区分开来，但怎么判断哪种情况是水平问题哪种不是呢？这个区分的标准事实上很难再深究，我们在以后的研究中可能需要更多的技术支持，例如眼动设备、脑电实验等等。

第二，填充词或短语出现在句子开头。这种情况下有三种不同的功能，先看下面两例：

例 37：那很有意思。【然后】你去要在那儿住下吧？当天不能回来吧？

例 38：－昨天来的。昨天从上海来的。

　　　　－对对。

　　　　－【然后】就为了参加今天的考试。

这两例中都出现了填充词"然后"，并且看起来都出现在一句话的开头，但实际上我们分析上下文对话可以发现，"然后"是承接的前一句话，虽然这前一句话出现在上一个的话语中，甚至隔了一个说话人。比如例 37 是承接上文考生的叙述，例 38 则是中间隔着考生的赞同应答，考官再去承接自己前面的叙述。因此，这里的填充词虽然出现在句子开头，但却相当于出现在两个分句之间，起着承接两个分句的作用。这是其中一种功能。再看下面两例：

例 39：【这个】中国菜，你说你喜欢中国菜，那么就是说，中国菜，比如说跟日本菜最大的不同是什么？

例 40：【那个】现在，现在我想，谈谈你的孩子可以吗？

以上两例都是比较典型的填充词位于句首的情况，这里和二语者一样，都是为了引出话题内容，作为交际的开始。

最后一个功能是，一个话题基本谈完，经过一段沉默后，面试官会突然说出"好""行"，然后一般是带有总结性和评价性话语。如：

例 41：【好】，就到这儿吧。

例 42：【好】，谢谢你来参加今天的考试。

这两例中，填充词虽然出现在句子的开头，但一般都是预示着话题的结束，会话的一方想要结束会话，像对方发出结束的暗示。通常会话的结束都是由面试官决定的，因此这个功能也只在面试官的语料中出现。

第三，填充词或短语位于句末，如：

例 43：导游有很多呀，【对呀】，为什么你，他成了你的朋友？他是一个什么样的人？

例 44：他等哥哥们都抢完了以后，自己呢拿了最小梨，【对】。

上面两例中都是说话人在一段话之后加上了填充词或短语，是为了表示对前面内容的判断，这类填充词或短语比较典型，一般是"对""对呀"等。

第五节　讨论分析

本文统计了非流利填充语在汉语母语者和不同水平的二语者中出现的类型、频率和分布位置，对此进行了分析，并进一步分析对比了两者实现的交际功能的异同。

关于汉语母语者在进行对话时出现填充语的原因，本文根据语料中出现的具体实例总结如下。

（1）母语者在说话时思维出现障碍。有时候我们要说一段连贯的话，但是想跟不上说，说到一半突然不知道怎么表达；或者说话时过于紧张，或者别人的提问太突然，脑中的想法还没有想清楚，只好先用话语搪塞。这时候就是思维出现了障碍。如例39：

例39：【这个】中国菜，你说你喜欢中国菜，【那么就是说】，中国菜，【比如说】跟日本菜最大的不同是什么？

考官想问的是中国菜和日本菜最大的不同，但前面用了很多的重复、填充等方式，都是为了在整理好最后的问题前先搪塞，维持话轮。

（2）说话人在交流时故意使用的策略。有时候我们想要表达一个想法，或者描述一个事件，脑子里已经想得很清楚了，但是为了表达得更为委婉，或者更准确地表达我们的情感，我们会故意使用一些填充语来表达。比如例40：

例40：【那个】现在，现在我想，谈谈你的孩子可以吗？

考官想转变交流的话题，想要聊聊对方的孩子，因为想转变的话题是属于对方的私人领域，涉及对方的隐私，询问时要慎重委婉，因此开头先用"那个"填充。

这是母语者在口语中使用填充语的主要原因，那么二语者使用的原因是不是和母语者相同呢？通过前面对二语者语料的分析，我们发现，除了上面两个原因，二语者更有可能是因为语言水平有限才导致频繁用填充语进行话语填充。有时候是不熟悉或忘了某个单词，有时候是脑海中的想法已经成形但不知如何用汉语表达，而这正反映了二语者的汉语水平，也是我们对二语者进行口语面试所要考查的部分。

那么如何才能更准确地判断出口语面试中考生的口语水平呢？我们认为，越接近母语者水平的考生口语水平越高，在填充语上的表现也应当如此，我们并不是要求考生在口语中出现的填充语越少越好，而是越像母语者越好。在口语中适当使用填充语，不仅是正常的（人脑思维出现障碍是普遍的），而且有可能是有益的（使用策略填充对话更利于促进交流）。因此，考官需要准确判断出考生口语填充语的出现频率是否和母语者一致，出现的位置又如何，是因为什么原因出现的，只有在对这些准确判断的基础上，才能更恰当地判断出考生的汉语口语水平。

另一方面，有的母语者在说话时具有个人风格，会频繁出现各种填充语，这个时候我们并不会怀疑母语者的汉语水平，只会觉得他的说话习惯不好；但如果是一个二语者，在口语中大量使用填充语，或者使用具有个人风格的口头禅，我们在对其流利度的判断上仍然会打折扣。这是对二语者说话规范的要求。

我们在综述中提到，Riggenbach（1991）基于英语二语的研究指出，流利的英语学习者倾向于使用更多的实义填充词（如英语中的 well、I mean 等）进行停顿，而非流利的英语学习者则较多使用非实义填充词（如 en、oh、er 等）或以沉默方式进行停顿。那么在汉语二语的口语研究中，是否也存在相应的现象呢？使用实义填充词或非实义填充词与汉语学习者的口语流利度有相对应的关系吗？

现在我们可以回答上述的问题。汉语中母语者出现的非流利填充语中，填充性音节，即非实义填充词，所占比例最高，其次是填充词或短语，即实义填充词，最后是填充性短句。这样能否认为实义填充词出现的比例比非实义填充词高是口语水平高的表现？我们认为是不能的。但是在不同水平的二语者中，确实出现了高水平的考生比低水平的考生使用更多实义填充词的现象。这也很好解释，高水平的二语者必然比低水平的二语者掌握更多的实词，更熟悉也更能运用汉语中实义填充词。因此可以说高水平汉语者倾向于比低水平汉语者更多地使用实义填充词，但不是在所有填充语中，实义填充词使用越多水平越高。

第六节　本章小结

本研究从实用汉语水平认定考试（C.TEST）口语面试中选取了 51 份语料，对其进行转写、标注，对比了不同水平的汉语二语者和母语者在口语面试中出现的非流利填充语的频率及位置分布，并分析了其功能及原因，尝试深入探究影响汉语二语者口语流利度的根本因素。

本文将汉语学习者口语非流利填充语产出分为填充性音节或音节组合、填充词或短语和填充性短句三类。

在研究问题中，我们共提出了四个问题，通过分析讨论，在此总结如下。

根据考察，本文发现汉语学习者三类非流利填充语产出的频率是有差异的，不同水平的学习者之间又有所不同。总体来说，填充语现象在总字符中出现的频率随二语者汉语水平的升高而降低，母语者在对话中出现的非流利填充语现象仅占总输出字符的 1.1%，远远低于二语者的平均水平，甚至低于高级水平的二语者，这说明在一定程度上，汉语水平越高，非流利现象在口语中出现得越少，这个观点是成立的。另一方面，初级水平的学习者基本呈现填充性音节或音节组合 > 填充词或短语 > 填充性短句，中级水平的学习者产出频率和低级水平类似，而高级水平学习者则无明显规律。母语者这三类填充语的产出频率和二语者一致。

在非流利填充语的分布位置上，二语者和母语者都主要分布在句中和分句之间，句首和句尾位置上也存在部分分布，但数量较少，并具有特定的话语功能。出现在句首的填充语主要起开启话题的作用，句尾位置上的填充语主要是对前文的表述进行自我判断。在这里，二语者和母语者是基本一致的，不同之处主要体现在话语功能上，首先二语者主要是因为语言能力的问题而产生非流利填充语，母语者不是因为语言能力的问题而需要填充语，主要是因为思维的中断或话题的转换。另外，除了语言能力的问题，二语者也会因为思维障碍而为自己的思考留出时间，这和母语者是一致的。最后，母语者的填充语还出现了对二语者的话语进行回应和反馈的话语功能，这主要和我们搜集到的语料是面试场景有关。

根据位置的不同，二语者和母语者实现的话语功能也有所不同。虽然非流利填充语的语用功能与其出现的位置关系紧密，但是两者实际上不具有一一对应的关系。

我们认为，汉语学习者非流利填充语产出所呈现出的分布特征主要由以下原因所致：（1）受语言水平所限，导致某一类型的非流利填充语产出较多。这一点原因是母语者没有的，这正是二语者和母语者的最主要的区别，我们需要考查和测量的也正是二语者的这一部分，这体现了二语者的口语水平。（2）思维出现障碍所致，这是汉语母语者和二语者普遍会出现的情况，语言上还没有想好该如何表达，但是希望维持住话轮，这样就会需要各种填充语来填补语流空白。（3）为更准确地传达自己的想法和情感而使用的交际策略，是故意为之，这主要出现在母语者中。二语者也有可能会这样使用，而这正是其语言水平高的表现。

第四章　不同测试形式下考生口语语块使用对比研究

第一节　概　述

1.1　研究目标

第二语言口语测试最常见的两种测试形式为面对面口试（直接型测试）和口试录音（半直接测试）。其中 HSK［高等］口试形式即为半直接测试，C.TEST 口语面试即为直接型测试。在这两种不同的测试形式下，汉语学习者在口试表达中语块的使用情况如何，值得探索。通过转写和掌握两种测试形式下考生的口语语料，本章旨在分析和对比不同口语测试形式下考生语块的使用特征，具体探讨问题如下：

（1）直接测试形式下，低、中、高水平的汉语二语者在语块使用特征上是否存在差异？

（2）半直接测试形式下，低、中、高水平的汉语二语者在语块使用特征上是否存在差异？

（3）低、中、高水平的汉语二语者在直接和半直接测试形式下的语块使用特征上是否存在差异？

（4）语块使用和口语能力之间的关系如何？

1.2　理论及研究综述

1.2.1　国外语块相关研究

1.2.1.1　国外语块理论研究

国外语块的研究起源于 20 世纪二三十年代的西方语言学，渐渐发展成为短语学和心理词汇的研究。在语块的发展过程中，不同的定义来源于对语块现象的不同认识。Alison wray（2002：9）指出大约有 57 个特殊命名是关于词汇组合现象的，为了避免其中的模糊性，他使用"多词单位（multi-word unit）"这个概念对语块现象进行了研究。词汇、句法和语音之间有着密切的联系，词汇语义之间的紧密联系是语义网络形成的重要影响因素，也是语块形成的重要条件，语块有助于揭示心理词汇的组织结构。随着短语、搭配和心理词汇的深入研究，这些多词单位成为储存在大脑中影响学习者语言水平的重要因素。

Lewis（1993）对"词块"的理解是：与词块相比，词汇项依赖语法规则、语义动机和认知图式，更具语法化词汇的特征。这种理解说明了词块有着词组所不具备的整体性与固定性。另外 Perking（2000）给"公式化序列（formulaic sequences）"做出了这样的定义：一个连续或不连续的单词组合或其他意义元素的序列，它似乎是预制的，即在记忆中完整地存储和使用时可以快速检索，而不是完全由语法生成或者分析。前者强调词块结构的语法联系，后者则是基于运用的角度上指出的，语块的预制性和非分析性，强调的是运用时不需要通过长时间的思考，能直接从心理词典中取出，用来表达一定的交际内容。

Alison Wray（2000、2002）经过比较分析认为，用"程式化序列（formulaic sequence）"作为统称这一类现象的术语最为适合，Schmitt 和 Carter 等多数研究者也赞同 Wray 的观点。Alison Wray（2002：9）将其定义为在记忆中整体储存并在使用时整体提取的多词预制语言单位。

通过以上众多研究者对"语块"的定义和分析，我们可以看出虽然不同的研究者各自运用特定的名词来描述语言中的这种预制结构，我们可以基于他们的认识对语言中预制单位的属性有一个这样的认识：1）它是一个多词结构，由两个或多个词组成。2）结构形式上的凝固性有强弱，连续和非连续之分。3）无论是连续性的组合结构还是非连续的组合结构，都表达一定的语义和语用义。4）在语言学习和积累中，语块能够储存在大脑或者心理词汇中，使用时可直接提取，为语言运用者减轻了产出负担。

1.2.1.2　国外语块的分类

国外关于语块的分类研究中，以下几种分类在语块研究中具有一定代表性。

Lewis（1993）将语块分为四类：

聚合词（poly-words），这类主要是以整体义来理解的短语结构。

搭配词（collocations），这类结构指的是形式上共现，语义相互组合而成的。

固定表达（fixed expression），这类结构的形式是固定的，具有一定的语用功能

半固定表达（semi-fixed expression），这类结构是指形式固定性相对弱一点的不连续结构。

Nattinger & Decarrico（2010：97）也在形式上将语块分为以下四种类型：

（1）多词（poly words)，主要是连续的短语结构，如 "I'll say" "what on earth?"。

（2）制度化表达（institutionalized expressions），主要是具有句子长度的词汇短语，作为独立的话语发挥作用。如 "give me a break" "there you go" "long time no see" 等

（3）短语约束（phrasal constraints），属于规范的或不规范的短语结构，如 good____ (greeting) good morning、good afternoon、good evening。

（4）句子构建结构（sentence builders），这类结构是为整个句子提供框架的词汇短语，是一些具有空槽的结构。如 "Not only...but also..."。

不同的语块类型在语言表达中还起着不同的语用功能，有的学者基于

语用功能的角度对语块进行了划分，主要的分类有以下两种：

Nattinger & Decarrico（1992）以语用功能的不同，将语块分为：1）社交型，即在社交时运用的语块，维持社交关系，如"of course""by the way"等；2）必要话题型，谈论一些话题时所使用的一种固定表达，如"how much..."等；3）语篇装置型，这类语块大多是一些连接语，包括逻辑连接语、时间连接语、关联语、限定语等。

Moon（1998）从语用功能角度把语块分为五类：

1）信息功能语块：表达一定的观点和传递信息；2）评价功能语块：反映说话者的态度和评价；3）情景功能语块：一般用来反映语言情境；4）修饰功能语块：表达说话人的想法、请求或建议；5）组织功能语块：用来连接句子之间关系，组织文章的功能。

从以上研究中的分类来看，语块大量存在于语言学习和语言运用之中，形式化的分类角度和语块在语言中的不同层级结构有着很大的联系。语块存在于句中、句间和篇章之中。语用功能的角度分类描述了语块对语言表达的重要作用。特定的语块类型在语用功能上有所区分。

1.2.1.3　国外语块相关实证研究

Nattinger 和 Decarrico（1992）指出："语言的流利程度取决于学习者大脑中究竟储存了多少数量的语块，语块使人们能流利地表达自我。"在语块理论的指导下，Robert p.o'reilly（1992）通过实验探究不同水平的学习者在工作记忆、传统记忆广度和组块能力上是否存在不同，结果发现每种记忆变量都是由阅读因素的不同组合来解释的，与编码的信息类型和数量都有关。Hsu（2002）对预制语块和学习者的语言能力进行了研究，结果证明预制语块与语言学习者表达流利度和熟悉度有着显著的相关性。

Boers et al.（2006）在教学实验中，发现学生词块的敏感度、词块习得与口语水平是正相关的。

麦卡锡（1990）声称语言是充满强搭配对；词汇搭配应成为词汇教学的中心内容。因此，搭配必须作为为教学的中心环节，提高词汇和熟练程度。

Nahk-Bohk Kim（2008）对语言中的搭配类语块进行了研究，使用问卷调查了教师对语块的认识，研究发现超过半数的教师知道搭配或者语块的概念，尽管对搭配在英语学习中的作用有着很深的认识，但是很少有老师能在课堂上进行词汇搭配（语块）的教学。

Lingyue Kong et al（2016）通过在线语法判断任务，发现汉语不连续但相关的连词在心理词汇上具有真实性。研究通过对高频组合和低频组合的不连续关联词结构的判断任务，与低频组合相比，高频组合在反应时的结果上存在显著效应。

1.2.2　国内语块相关研究

1.2.2.1　国内英语语块研究

语块理论兴起以来，国内学者将其引入我国的英语教学中，在国外对语块的界定和分类的基础上开展英语语块现象的研究，并观察语块是否在英语教学和英语学习中具有促进作用。国内英语语块研究主要是从英语学习者的语块习得情况和语块与语言能力之间的关系两方面展开的。

焦扬（2017）在 Nattinger 和 DeCarrico 的分类的基础上，对大学生英语口语中的语块整体使用情况进行了研究，其中限制性结构短语是使用频数最高的一类语块，而且这类语块和口语流利性的指标之间具有相关关系，也就是说语块的使用能够促进英语口语表达的流利度。

周超英（2006）利用中英翻译实验，通过比较实验组和对照组的翻译质量，发现不同语块对语言输出质量的影响是不尽相同的。蒋苏琴（2014）在有效的统计实验后，对比实验班和对照班的英语听力成绩，发现预制语块对非英语专业大学生的英语听力水平呈正相关。

亢叶琼（2018）研究发现，与美国学生相比，大学生英语演讲中的三词语块使用数量最多，存在语块使用单一的情况，在功能方面多是文本组织标记类的语块，立场表达类的语块使用较少。

还有一类实证研究是从教学实践的角度出发，利用语块教学法来研究语块和语言能力之间的关系。相关研究如：吴丽萍（2019）将 69 名高职学生分为实验组和对照组，利用语块教学法作为实验条件，在实验教学结束后分析了两组学生在预制语块对口语能力上是否存在差异，发现预制语块教学法有助于促进学生的口语表达能力；黄宇晴（2019）以高中雅思口语学习者为对象，通过教学实验的方法对语块的习得和运用进行了研究，发现实验组在语块使用频度、准确度、流利度等方面都超过了控制组；蒋苏琴（2014）在研究中强调，预制语块在英语教学中具有广泛的应用前景。

1.2.2.2　汉语语块研究

1. 语块的概念及定义

对语块的定义上，不同的研究学者从不同角度给出了"语块"的定义，有学者从语用功能上提出：语块具有语用功能，在特定的语境中担任着重要角色。有学者认为语块就是其整体义不能从其各组成部分中得出来，语义具有整体性的组合结构。还有学者从共现频率上认为词与词之间如果经常搭配在一起，共现频率高的组合就是语块。马广慧（2011）定义语块为："具有语法、语篇或者语用功能的最小形义结合体，语块是由多词组成的，并且能够独立地用于构成语句和话语"。从语块所属不同层级角度来看，钱旭菁（2008）认为语块是存在于各个层级的，因此主张从语言的不同层级上去研究语块，这种认识也是其对语块分类的基础。还有学者是从语块和构式的关系上对语块做出的一个界定，施春宏、薛小芳（2013）在前人（苏丹洁，2010、2011；陆俭明，2009、2011；段士平，2008）的研究基础上从构式的这一角度提出语块是构式的一种，提出了语块的构式性特征。并对语块做出了这样的界定：语块是由连续或不连续的词或其他有义元素预先整合成的模块，形式、意义、功能相匹配的语言交际单位。这个定义是综合考虑了语块结构、形式、意义和功能运用的综合性概念，对我们加深对语块的认识起了十分重要的作用。

另外，有些学者从计算机识别的角度对语块做出了定义。王立非、张岩（2006）认为语块是计算机能够自动检索的两词或两词以上的有意义的连续词组单位，这些连续词组单位通常是以相同的形式反复出现。计算机作为一种机器识别语块，具有统计科学性、客观性和准确性的特点，但语言作为一种具有生成性和创造性的语言，只用机器识别的话，是远远不能全面描写和展现语块的。

2. 语块的分类

国内研究者在英语语块理论和分类的基础上，基于汉语的特点，对汉语中存在的各式各样的语块也做了分类，得出了不一样的分类框架。最先，人们只是把成语、歇后语、惯用语、谚语等结构凝固性较高的类型看作语块。刘运同（2006）在其文中对"词汇短语"进行了系统的分析，将词汇短语分为固定词串和固定框架。固定词串指的主要是成语、谚语、惯用语等和一些类似于"瞧你说的"的不完整词串，还有一些固定的语句。固定框架则是从语法层级上分为短语框架和句子框架。我们可以看到刘对语块的分类主要集中在固定结构上，随着语言运用和语言教学的深入，除了这些凝固性高的组合结构外，还有一些具有特定语用功能的套语俗语和常见语法搭配以极高的频率出现在人们的语言表达中。语块的研究范围也随之扩大。周健（2007）将语块分为三类：词语组合、习用短语、句子连接成分。相比前人的分类，他关注了语言中的惯用搭配，这些惯用搭配由于在使用中的常用性和高频率性而得到研究者的关注。这是语块研究的一大进步，但从其分类中，我们也可以看出，语言中还有一些属于语块的内容并没有纳入其中，其对语块的分类并不完整。

李玲（2013）以结构的固定性程度将语块分为固定语块和半固定语块。固定语块主要包含专有名词、熟语、高频搭配、习语；半固定语块主要有短语、关联词、特殊句式、语法词汇化语块。孙宵（2011）将关联结构语块单分一类，并将高频搭配和固定搭配分开考虑，将高频搭配概括为配伍词，列在关联结构中，这样分类具有一定的意义。还有学者从汉语教学的角度从对外汉语教材的角度对语块进行了分析，孙宇凡（2018）通过对对外汉语教材中的语块进行考察和分析，将语块做出以下分类：

表 4-1　汉语语块分类

语块类别	小类	典型语例
固定语块	专名	斯坦福大学
	熟语	爱美之心，人皆有之
框架语块	词级框架	动不动就
	句级框架	如果……就
程式性语块	社交套语、话语衔接词	不好意思 打断一下
常用搭配语块	高频短语	打招呼、本地户口
	离合语块	碰了一个大钉子

江新（2017）把语块看作一个连续统，分为连续式语块和框架式语块，连续式语块又分为短语语块和句子语块，短语语块包括成语、惯用语、常见搭配和固定组合。

王松岩、杜芳（2012）从形式和功能角度对语块进行了分类，在口语交际角度下，将语块分为话题类、行事类、表情类，这种分类方法有助于学习者了解语块的功能和语用意义。在一些实证研究中，有研究者（王凤兰、许琨等）从语料库研究法出发，基于语料库中的语料，对语块进行了分类。这种采用计量的方式，将学习者实际产出中的语块进行分类，具有针对性，帮助我们发现学习者的语块运用特征，为我们研究语块提供了一个新的研究视角。

本文认为孙宇凡（2018）在汉语语言特点的基础上，将汉语教材中的语块作的分类框架整体上较清晰，能够对汉语作为二语习得中的语块进行一个整体的概括，符合本研究对语块的界定和判别。

3.语块的功能和作用

语块之所以能引起广大研究者的注意，是因为其在语言运用中起着重要作用。首先它是整体存在与人的大脑中的，预制性强，能够在人们运用时可以直接进行提取，为语言使用者减轻了输出压力。留出了更多的思维空间。Nattinger 和 Decarrico（1992）所说："语言的流利程度取决于学习者大脑中究竟储存了多少数量的语块，是语块使人们能流利的表达自我。"语块的结构是较固定的，凝聚性强，语义具有整体性的特点。语块的运用可以使学习者产出更加丰富、流畅，增强语言表达的地道性和准确性，克服母语负迁移带来的影响。同时有利于增强学习者语言表达的自信心，提高学生的积极性（亓文香，2008；邢雅迪，2020）

4. 汉语语块实证研究

随着语块理论的兴起，语块相关的研究也随之增多。主要内容涉及：语块研究的综述性研究、留学生语块习得和使用情况研究、母语者和二语者语块使用的对比分析研究、聚焦于某一类语块的分析、语块和语言能力之间的关系、语块教学研究。

赵婕（2018）在对教材中的语块进行分类的基础上，将语块分布情况进行了详细描述，指出语块的选取与语境关系十分密切，并归纳出语块所具有的功能。郑航等（2016）运用实验研究，对比母语者和汉语二语学习者在有/无语境条件下语块加工过程中发现，语境是影响两组被试加工的核心因素。孔令跃等（2013）使用限制性语境下的自由作答任务，考察了高级汉语学习者的汉语口语语块的使用情况。

李靖华（2019）在美国华裔和非华裔汉语学习者之间，设计题型来测试学习者的"组块"感知技能、熟练程度和"组块"的自动化建构过程，对比研究了它们在口语能力各方面不同的分布、发展性特征。郑航、张妍（2020）考察了有声思维和静默条件下高级汉语学习者对熟语语块和非熟语语块的识别和理解情况。二语者在语块的识别和理解上基本一致，而汉语二语者则是在识别的程度大于理解程度。

袁媛（2019）基于 HSK［高等］口语考试的录音材料，对韩国留学生口语表达中语块使用和语言能力之间的关系进行了探讨，得出口语表达的复杂性与语块使用次数和类型之间存在线性相关关系的结论。鲁倩文（2019）也对留学生的口语语块使用进行了研究，发现语块使用的准确度和口语准确性呈中度相关。

还有一些研究是针对某一类语块进行具体研究的，丁洁（2006）在区分口语习用语和惯用语的基础上，使用问卷调查和访谈相结合的方式考察了学生对语块的理解程度、使用情况等，结果证明语言水平高的学生对习用语语块理解程度高，在语块运用上，比语言水平低的学习者更倾向于把口语习用语当作语块整体来使用。同时也指出语块的运用对学习者口语的准确度、流利度和地道性上有一定的帮助。彭婷（2018）主要考察了巴基斯坦国籍学生对框架式语块的习得情况，结果发现随着学习阶段、学习目的的不同及学习者语言水平的不同，教材中的框架式语块无论是类型上还是形式上都有所差异；同时发现，与初级汉语水平学习者相比，中级水平的学习者使用语块的数量和频率较高，正确率也较高，并总结出框架语块的习得梯度。王贝贝（2018）针对口语语体下框架式语块进行了研究，发现框架式语块大部分存在于口语表达之中，并设计实验，在实验组设计语块教学方案，凸显语块教学，结果证明进行语块教学的实验组的口语表达能力和成段表达能力明显好于控制组。从而为语块教学法的必要性提供了证据。王凤兰（2018）对高级水平的留学生的互动话语语块进行研究，通过与母语者的互动话语语块进行比较，对高级水平的留学生互动话语语块的使用情况进行了描述。

通过对以往研究的分类，我们可以看出：研究的角度大多是不同水平的汉语二语者、教材的语块分析，或者是不同国籍间学生的语块使用分析，很少有研究设计两种测试形式下的语块研究。这也为本文提供了一个新的角度，考察测试形式对二语学习者口语语块产出情况的影响，在直接和半直接两种不同形式中的口语产出中，考察汉语二语者的语块使用情况。

1.3　研究思路

1.3.1　语料来源

本文所用的语料有两个来源，一是 HSK［高等］考生的口语语料，语料内容为考生根据口试试卷给出的具体题目，经过一段规定的准备时间后，将口头表达的观点和态度等录制在电脑上。这种口试形式为半直接测试。

为了能区分不同水平之间的考生，我们将 80~85 分这一分值作为界限，以口语考试成绩为标准，将汉语二语者分为低分组（60 分及以下）、中等分组（65~75 分）和高分组（85~95 分）三个组别，在每个水平之下随机抽取 30 份语料，总共 90 份，为后期语料分析做初步的划分。

研究中第二个语料来源是 C.TEST 口语面试的语料，该考试是由北京语言大学自主研发，用来测试母语为非汉语人士在社会生活和日常交际中运用汉语进行口头交际的能力。考试形式通过抽样选取出不同分数水平的二语者语料，语料全部分布在 1、2、3、4、5、6 分中，我们也依据该考试的分数体系将考生分为低分组（1 分和 2 分）、中等分组（3 分和 4 分）、高分组（5 分和 6 分）三个水平，从不同水平的口语语料中各随机抽取 30 份语料，总共 90 份，为后期语料分析做出一定的划分。

1.3.2　口语语料转写

不论是 HSK［高等］考生的口语语料、还是 C.TEST 口语面试的语料，我们在研究时首先将语料进行一定的转录，为后期语料分析奠定基础，在语料转写的过程中，我们遵循真实性、完整性的原则，对语料进行真实地转录。

1.3.3　研究方法

本文主要采取软件 SPSS 20 进行描述统计，考生对语料中出现的语块进行统计和分类，分析直接和半直接两种测试形式下的语块使用特征，具体内容包括语块使用次数、语块类型、语块长度、高水平者常用语块类型等。

对汉语学习者的语块使用趋势的调查主要是在不同发展阶段两种测试形式中的横向对比，观察汉语学习者在语块数量、类型语块长度上的不同与变化。

本章采用皮尔逊积差相关来分析语块使用次数、语块类型和口语成绩之间的相关关系。

1.3.4　语块的概念界定和分类

在前人研究的基础上，本章根据研究目的对语块做如下操作定义：语块是由两个或两个以上词组成的固定或者半固定组合单位，它们共现频率高，形式相对固定，经常作为一个整体在交际中使用。

孙宇凡（2018）通过对对外汉语教材中的语块进行调查和分析后，把语块分为了固定语块、框架语块、程式性语块和常用搭配语块。根据孙宇凡（2018）的研究和本研究掌握中的语料特点，我们对本研究的语块范围进行重新界定，把常用搭配语块和固定语块两种类型合并称"常用搭配语块"，与程式性语块称口语习用语块并列。因此本研究中所涉及的语块大致可以分为三类：

常用搭配语块，这类语块结构共现频率高，在语法和语义上相互搭配。在语料分析中主要涉及一些名词性搭配和动词性搭配。如"工作效率""不知道""找工作"等。

框架式语块，这类结构常常是不完整的，在使用时常常伴有空槽，需要有一些具体内容进行填补和扩充，从而形成完整的表达意义。我们将这类结构分为两类：句间框架语块和句篇框架语块。二者的区分主要是这个框架是不是跨句进行的。如果这个框架结构构成的是个单句，或者是一句话，那么我们把它看成是句间框架语块结构，比如"越来越……""我觉得……"。如果这个框架结构与前后句子形成了一定的逻辑联系那么我们把它看作句篇框架语块结构，主要是一些关联词结构，比如"因为……所以……""如果……就……"。

口语习用语块，也可以叫作交际套语，多在口语交际中，作为一个整体，具有一定的语用意义，典型的例子有"对我来说""对不起""请多关照"等。

表 4-2　本研究语块分类表

语块类型	小类	举例
常用搭配语块	名词性搭配语块	工作效率
	动词性搭配语块	不知道、找工作、在家里
框架式语块	句间框架语块	越来越……、我觉得……
	句篇框架语块	因为……，所以……
口语习用语块		对我来说、对不起

第二节　同一测试形式下不同水平学习者口语语块使用差异研究

2.1　C.TEST 口语面试中学习者语块使用情况分析

2.1.1　各类语块使用分析

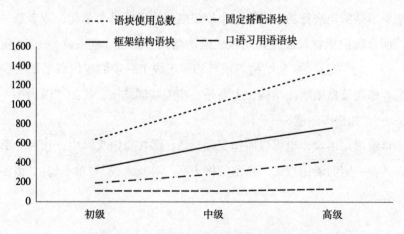

图 4-1　C.TEST 口语测试语块使用情况

表 4-3　C.TEST 口语测试语块使用情况

描述统计量							
	N	极小值	极大值	和	均值	标准差	方差
固定搭配语块	90	0.0	31.0	936.0	10.400	6.9602	48.445
框架结构语块	90	0.0	48.0	1697.0	18.856	9.5348	90.911
口语习用语语块	90	0.0	22.0	378.0	4.200	3.6695	13.465
每个样本语块使用总数	90	6.00	78.00	3058.00	33.9778	15.70012	246.494
有效的 N（列表状态）	90						

上图中展示了 90 份 C.TEST 口语面试语料中三种语块类型使用的具体情况，包含了语块使用总数、固定搭配语块、框架结构语块以及口语习用语语块的相关统计值，由图可知随着初、中、高级语言水平的不同，语块使用总次数呈上升趋势。我们还可以看出，三种语块类型中，使用次数最多的是框架结构语块，再者是固定搭配语块，口语习用语语块的使用次数最少。表中列出了各类语块类型使用的极大值、极小值、平均数、标准差和方差。从平均值来看，框架结构语块的使用次数最高，为18.856；其次是固定搭配语块，为 10.400；最后是口语习用语语块，为4.200。虽然框架结构语块的使用次数和均值是最高的，但是内部使用差异也是最大的，从极大值和极小值来看，有的语料中框架结构语块的出现次数低至 0 次，而有的语料中其出现次数高达 48 次。因此框架结构语块的方差值也是三类语块中最高的，为 90.911。固定搭配语块使用次数的方差是 48.445。口语习用语语块的方差值最小，极大值和极小值之间的差异也是最小的。从每个样本语块使用总数的平均值为 33.9778，各个水平之间的差异较大，其方差值 246.494，说明 90 份口语语料中语块使用情况差异较大。

2.1.2 初、中、高级学习者在语块使用总次数上的差异

表 4-4 样本语块使用总数的方差分析表

单因素方差分析					
每个样本语块使用总数					
	平方和	df	均方	F	显著性
组间	6421.689	2	3210.844	18.003	0.000
组内	15516.267	87	178.348		
总数	21937.956	89			

表 4-5 初、中、高三个水平下样本语块使用的多重比较

多重比较						
因变量：每个样本语块使用总数 LSD						
（I）水平	（J）水平	均值差（I–J）	标准误	显著性	95% 置信区间	
					下限	上限
初级	中级	−9.46667*	3.44817	0.007	−16.3203	−2.6131
	高级	−20.66667*	3.44817	0.000	−27.5203	−13.8131
中级	初级	9.46667*	3.44817	0.007	2.6131	16.3203
	高级	−11.20000*	3.44817	0.002	−18.0536	−4.3464
高级	初级	20.66667*	3.44817	0.000	13.8131	27.5203
	中级	11.20000*	3.44817	0.002	4.3464	18.0536

*.均值差的显著性水平为 0.05。

我们通过一元方差测试来检验初、中、高级三个水平的学习者在语块使用总次数上是否存在差异，三个语言水平是自变量，语块使用总次数是因变量。在进行均值比较之前，我们首先进行了方差齐性检验。方差分析结果显示 $F_{(2, 87)}=18.003$（$p<0.05$）我们可以认为初、中、高级不同水平之间存在差异。因此，我们进一步做不同语言水平之间的多重比较。结

果显示，初级水平学习者和中级水平学习者之间，语块使用次数的差异并不显著（p>0.05），初级水平学习者和高级水平学习者，语块使用次数差异显著（p<0.05）。中级水平学习者和高级水平学习者，语块使用次数差异显著（p<0.06）。

2.2 HSK［高等］口试录音中学习者语块使用情况分析

2.2.1 各类语块使用分析

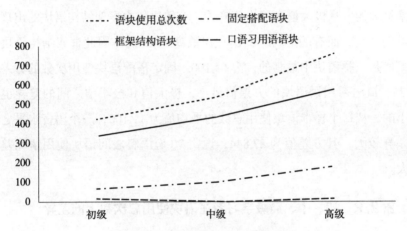

图4-2 HSK［高等］语块使用情况

表4-6 HSK［高等］口语考试语块分析

描述统计量						
	N	极小值	极大值	均值	标准差	方差
固定搭配语块	90	0.0	15.0	4.011	2.9623	8.775
框架结构语块	90	3.0	39.0	14.889	8.0062	64.100
口语习用语语块	90	0.0	4.0	0.233	0.6369	0.406
每个样本使用总数	90	3.0	44.0	19.100	9.3725	87.844
有效的N（列表状态）	90					

图中展示了90份HSK［高等］语料中三种语块类型使用的具体情况。

其中包含语块使用总数、固定搭配语块、框架结构语块的相关统计值，随着语言水平的提高，语块使用总次数呈上升趋势。我们还可以看出，三种语块类型中，使用次数最多的是框架结构语块，再者是固定搭配语块，口语习用语语块的使用次数最少，各语言水平水平下，口语习用语语块的使用次数可以忽略。表中列出各类了语块类型使用的极大值、极小值、平均数、标准差和方差。从平均值来看，框架结构语块的使用次数最高，为 14.889；其次是固定搭配语块，为 4.011；最后是口语习用语语块，为 0.233。虽然框架结构语块的使用次数和均值是最高的，但是内部使用差异也是最大的，从极大值和极小值来看，有的语料中框架结构语块的出现次数低至 3 次，而有的语料中其出现次数高达 39 次。因此框架结构语块的方差值是三类语块中最高的，为 64.100。固定搭配语块使用次数的方差是 8.775。口语习用语语块的方差值最小，极大值和极小值之间的差异也是最小的。从每个样本语块使用总数的平均值为 19.100，三个语言水平之间的差异较大，其方差值为 87.844，说明 90 份语料之间语块使用情况差异较大。

2.2.2 初、中、高级学习者在语块使用总次数上的差异

表 4-7 样本语块使用总数方差分析表

单因素方差分析					
分数					
	平方和	df	均方	F	显著性
组间	7221.458	31	232.950	1.843	0.022
组内	7331.042	58	126.397		
总数	14552.500	89			

表4-8　初、中、高三个水平下样本语块使用总次数的多重比较

多重比较						
（I）水平	（J）无等级	均值差（I-J）	标准误	显著性	95% 置信区间	
					下限	上限
初级	中级	−4.1667	2.1166	0.052	−8.374	0.040
	高级	−11.3333*	2.1166	0.000	−15.540	−7.126
中级	初级	4.1667	2.1166	0.052	−0.040	8.374
	高级	−7.1667*	2.1166	0.001	−11.374	−2.960
高级	初级	11.3333*	2.1166	.000	7.126	15.540
	中级	7.1667*	2.1166	.001	2.960	11.374

*.均值差的显著性水平为 0.05。

　　我们通过一元方差测试来检验初、中、高级三个水平的学习者在语块使用总次数上是否存在差异，我们把三种语言水平当作自变量，不同语言水平下的语块使用次数当作因变量。在进行均值比较之前，我们首先进行了方差齐性检验。方差分析结果显示 F（2, 87）=1.843（p<0.05）我们可以认为初、中、高级不同水平之间存在显著差异。因此，我们进一步做了不同语言水平之间的多重比较。结果显示，初级水平学习者和中级水平学习者之间，语块使用次数的差异并不显著（p>0.05），初级水平学习者和中级水平学习者之间差异不显著，初级水平学习者和高级水平学习者之间语块使用次数差异显著（p<0.05），中级水平学习者和高级水平学习者之间差异显著。

第三节　不同测试形式下不同水平学习者语块使用对比研究

　　由于本研究使用了两种测试形式下的语料，所统计的语块使用总次数不能直接进行比较。我们将各个语言水平下的语料总数进行了统计（语料

总字数的计算中，只统计汉语二语者产出的字数）。江新、李婴聪（2017）指出：语块标准频数是衡量学习者语块使用整体特征的指标之一。语块的标准频数指在假定文字数恒定的情况下，语言使用者使用语块的数量。标准频数越大，说明语块的使用次数越多。其计算方法是：语块标准频数＝语块数／作文总字数 ×10000。我们将两种测试情境下的语块使用标准频数进行了计算，结果见以下分析。

3.1 语块使用标准频数的比较分析

表 4-9 C.TEST 口语面试形式下语块使用的标准频数表

水平	语块使用总次数	语料总字数	语块使用标准频数
初级	663	40116	165.270
中级	1002	48278	207.547
高级	1370	54102	213.721

表 4-10 HSK［高等］口语测试形式下语块使用标准频数表

水平	语块使用总次数	语料总字数	语块使用标准频数
初级	418	16796	248.868
中级	536	19360	276.859
高级	758	25258	300.102

由上表分析可以看出：C.TEST 口语面试形式下，汉语二语者产出的语料总字数和语块使用总次数远高于 HSK［高等］形式下汉语二语者的语料产出总字数和语块使用总次数。但从标准频数来看，C.TEST 口语面试形式下三个语言水平的二语者语块使用标准频率低于 HSK［高等］形式下二语者语块使用标准频数值。这说明单位语料中，后者的语块使用总次数高于前者。纵向来看，随着语言水平提高，二语学习者的语块使用频率是逐步上升的。C.TEST 口语面试形式下，初、中、高级三个水平的语块使用标准频数分别是：165.270、207.547、213.721。从数值中可以看出初级和中

级之间差异较大。HSK〔高等〕形式下初、中、高级三个水平之间的语块使用标准频数分别是：248.868、276.859、300.102 初。从数值来看，三个语言水平间差异较大。

3.2　不同水平考生三类语块使用丰富度对比研究

本研究探究了固定搭配语块、框架结构语块和口语习用语语块三种类型，为了考察二语学习者在两种测试形式下三种语块类型的使用丰富程度，我们对语料中的语块进行了丰富度研究。丰富度是指语块使用的多样性，指的是不同类型语块在所使用语块总次数中的比例，计算方式是：语块类符数 / 语块形符数。具体分析见下表：

表 4-11　不同测试形式下考生语块使用丰富度对比

	测试形式	总体丰富度	固定搭配语块	框架结构语块	口语习用语语块
初级	C.TEST 口语面试	0.085	0.036	0.033	0.016
	HSK〔高等〕口语	0.116	0.057	0.043	0.011
中级	C.TEST 口语面试	0.071	0.037	0.031	0.013
	HSK〔高等〕口语	0.161	0.061	0.097	0.003
高级	C.TEST 口语面试	0.083	0.038	0.029	0.016
	HSK〔高等〕口语	0.119	0.050	0.062	0.007

上表中呈现了两种测试形式下语块使用的丰富度信息。整体来看，语块的使用丰富度值偏低。说明口语测试中，语块分布不够广泛，语块的使用丰富度不高。这种现象可以从下文中常用语块的使用频率来分析，有些语块的使用频率过高，从而导致语块使用丰富度较低。这也说明汉语二语者存在集中使用个别语块的现象。从总体丰富度来看，C.TEST 口语面试中的语块使用丰富度在初、中、高三个水平下低于 HSK〔高等〕口语考试中的语块使用丰富度，说明后者语料产出中语块使用的类别更多、更丰富。

我们还发现在 C.TEST 口语面试中的口语习用语语块的使用丰富度却高于 HSK［高等］口语考试。这可以从考官和考生之间所形成的交际情境中来分析。

3.3　两种测试形式下考生语块使用长度对比分析

为了进一步探究初、中、高级学习者口语语块的使用情况，我们从语块长度的角度对语块进行划分。在对语块的定义中，我们认为语块是大于词一级的单位，因此我们将语料中的语块分为 2~3 词语块和 4 词及以上两种类型。统计结果如下：

表 4-12　两种测试形式下初、中、高级水平考生语块使用长度分析表

口语水平	测试形式	2~3词语块	2~3 词语块出现次数	4 词及以上语块数	4 词及以上语块数比例
初级	C.TEST 口语面试	573	86.4%	90	14.6%
	HSK［高等］测试	397	95%	21	5%
中级	C.TEST 口语面试	921	91.9%	81	8.1%
	HSK［高等］测试	612	95.3%	24	4.7%
高级	C.TEST 口语面试	1256	91.6%	114	8.4%
	HSK［高等］测试	722	95.6%	36	4.4%

从表中可以看到，无论是在 C.TEST 口语面试还是在 HSK［高等］口语测试中，汉语二语者产出的语块大多是 2~3 词语块，4 词及以上语块占比非常少。这说明整体上二语者所使用的语块长度较低，难度较低。从初、中、高级三个水平来看，C.TEST 口语面试中 2~3 词语块的比例分别是 86.4%、91.9%、91.6%。初级与中级相比，2~3 词语块的使用比例有所上升；中级与高级相比，2~3 词语块的使用比例呈下滑趋势。4 词及以上语块反之。HSK［高等］口语中 2~3 词语块的比例分别是 95%、95.3%、

95.6%，表明在初、中、高级三个水平间语块长度使用差异不明显。4词及4词以上语块的使用比例差异也不明显。从两种测试形式来看，2~3词语块的比例均占比较大，但HSK［高等］口语中占比高于C.TEST口语面试。

3.4　两种测试形式下考生常用语块使用统计分析

前文中，我们发现两种测试形式下考生语块使用的丰富度较低是因为二语学习者在某些语块的运用上存在过度现象。通过对语料中语块的查找和统计，我们将两种测试形式下初、中、高级水平学习者口语产出中出现频率较高的语块列举出来，以便我们直观、明确地了解不同水平学习者口语产出中的语块使用情况。

表4-13　C.TEST口语测试中常用语块统计

初级	数量	中级	数量	高级	数量
我觉得……	196	我觉得……	188	我觉得……	258
我喜欢……	88	……的时候	137	……的时候	193
……的时候	60	……的话	112	比如说	151
怎么说	59	比如说	93	怎么说呢	138
因为……所以……	48	怎么说呢	89	……的话	106
跟……一起	39	因为……所以	87	因为……所以	93
不知道	22	有的时候	52	我喜欢……	88
对不起	20	对……来说	39	对……来说	85
我喜欢……	20	我感觉……	37	……以后	74
看报纸	18	我认为……	37	有的时候	63

表 4-14　HSK［高等］口语测试中常用语块统计表

初级	数量	中级	数量	高级	数量
……的话	101	……的话	85	对……来说	80
因为……所以	60	对……好	80	因为……所以……	79
我觉得……	54	因为……所以	62	我觉得……	72
如果……就……	39	如果……就……	58	虽然……但是……	50
……的时候	32	我觉得……	43	……的话	45
对……好	21	……的时候	32	如果……就……	38
越来越……	17	越来越……	25	……的时候	25
我赞同……	9	为了……	15	跟……一起	14
身体健康	7	像……一样	10	越来越……	13
……以上	5	锻炼身体	7	保持健康	7

　　上表中分别列出了 C.TEST 口语面试和 HSK［高等］口语测试中的常用语块。我们发现二语学习者在语块使用上存在"强依赖性"，可以看出常用语块大部分为框架结构语块。使用次数超过 100 次的语块有 6 个，比如"我觉得……""……的时候""……的话""对……来说"等。初、中、高级三个水平下的常用语块使用差异并不大。这些语块大多是能够表达态度、立场评价的常见语块类型，使用难度较小，是二语学习者回答观点性问题所依赖的重要表达方式。另外一部分常用语块多是用来连接两个句子，表达一定逻辑关系的关联词结构，如常见的"因为……所以……""如果……就……""不但……而且……"等。使用难度较低，多为初级汉语教材中的常见语块。整体来看，二语学习者在两种考试形式下的语块产出差异不大。

　　我们还发现，在 C.TEST 口语面试中，有的口语习用语语块也在常用语块之中，比如说"对不起""怎么说呢"。这几个语块也是在真实的语言交际中的常用语块。C.TEST 口语面试是直接型面试，考官和考生之间是面对面交流，汉语二语者往往由于水平有限，而未能全面理解考官的问题或者不知道怎么表达时汉语二语学习者往往使用一些口语交际语块，来缓和紧张的交际氛围。这些语块在促进口语交际中发挥着重要的作用。

3.5　语块使用和口试成绩的关系

相关分析是统计学中非常常见的一种统计方法，用来分析事物之间是否存在一定的联系。相关程度有高低之分，但相关系数 r 的值是固定在 $-1.00 \leqslant r \leqslant 1.00$ 之间。当相关系数值为负数时，表示负相关；当相关系数值为正数时，表示正相关。r 的绝对值越大，表明事物间的相关程度越高。通过上文，我们可以看出汉语二语者在口语产出中会使用大量的语块。本研究对不同测试形式下考生口语语块使用情况与口语测试的成绩进行了相关分析，采用的是皮尔逊相关系数法。见下表：

表 4–15　C.TEST 口语面试下语块使用和成绩的相关分析

		C.TEST 口语面试分数
固定搭配语块	Pearson 相关性	0.460**
	显著性	0
	N	90
框架结构语块	Pearson 相关性	0.617**
	显著性	0
	N	90
口语习用语语块	Pearson 相关性	0.103**
	显著性	0.336
	N	90
每个样本使用语块总数	Pearson 相关性	0.460**
	显著性	0
	N	90

表 4-16　HSK［高等］口试中语块使用和成绩的相关分析

		HSK［高等］口试分数
固定搭配语块	Pearson 相关性	0.522**
	显著性	0
	N	90
框架结构语块	Pearson 相关性	0.408**
	显著性	0
	N	90
口语习用语语块	Pearson 相关性	0.103**
	显著性	0.336
	N	90
每个样本使用语块总数	Pearson 相关性	0.518**
	显著性	0
	N	90

　　从表中我们可以看到，C.TEST 口语面试下，固定搭配语块、框架结构语块、口语习用语语块以及每个样本语块使用次数与口语面试成绩都存在不同程度的相关。框架结构语块与口语面试成绩的相关关系显著，二者的相关系数是 0.617。说明框架结构语块对口语面试成绩的影响最大。样本语块使用总数和口语面试成绩之间也存在较高的相关性，相关系数是 0.564，呈正相关，即每个样本语块使用总数越大，口语面试成绩越高。固定搭配语块对口语面试成绩也有一定的影响，二者之间的相关系数为 0.460。口语习用语语块与口语面试成绩的相关系数值较低，呈弱相关，但对口语面试成绩也有一定的影响。与 C.TEST 口语面试不同的是，HSK［高等］口语测试中对口语测试成绩影响最大的是固定搭配语块，相关系数为 0.522；其次是每个样本语块使用总次数、框架结构语块，相关系数为 0.518 和 0.408；影响最小的是口语习用语语块。口语习用语语块在产出中使用次数过低，因此对口语考试成绩的影响并不大。

第四节　本章小结

　　本章考察了两种测试形式下，初、中、高级三个水平汉语二语者的语块使用情况。研究主要发现，在同一测试形式下，初级和中级水平考生的语块使用频率差异不显著，初级和高级之间、中级和高级之间的差异显著。在两种测试形式下的口语产出中，汉语学习者都依赖框架结构语块。框架结构语块的使用总次数在三种语块类型上使用频率最高，其次是固定搭配语块，口语习用语语块的使用次数最少。本章进一步将同水平考生在不同测试形式下的语块使用情况进行了分析，结果发现，两种测试形式下考生在语块使用标准频率、语块类型、语块长度上各水平间的对比差异不明显，但测试形式的不同会影响考生口语语块的使用。

第五章　韩国汉语学习者口语及写作产出复杂度研究

第一节　概　述

1.1　研究目标

Skehan（1989）首次提出了一个以复杂度（complexity）、准确度（accuracy）和流利度（fluency）（简称 CAF）为衡量第二语言主要能力的模型。自此以后，就开始有研究者用 CAF 来描绘人们的语言表现，或以此来衡量过去一段时间内语言的发展情况（Housen and Kuiken, 2009）。复杂度作为 CAF 中的一员，对于研究者来说，它自然是评价学习者[①]第二语言产出情况时需要考虑的关键维度，但与此同时，我们会发现，学习者在学习及应用第二语言时，也会考虑自己语言产出的复杂度。鉴于复杂度对研究者与学习者都有相当重要的意义，本文将分别从 HSK［高等］[②]的考生口语语料和 HSK 动态作文语料库中搜集了韩国汉语学习者的语言产出，意在对韩国汉语学习者口语及写作产出复杂度进行探究。因此，本文重点探讨如下三个问题：

（1）不同分数组的学习者口语产出复杂度有何差异？写作产出复杂度

[①]　本文中提到的学习者均指第二语言学习者，其中英语学习者指英语作为第二语言的学习者，汉语学习者指汉语作为第二语言的学习者。

[②]　HSK［高等］是大规模标准化考试，是为测试母语非汉语者的汉语水平而设立的国家级标准化考试。

有何差异？口语和写作产出存在差异的维度是否相同？

（2）同一分数组学习者的口语及写作产出复杂度有何差异？

（3）同一语言产出方式下，不同分数组学习者复杂度子维度间的相关性是否相同？同一分数组在口语和写作产出中存在相关性的复杂度子维度是否相同？

1.2　理论及研究综述

1.2.1　"复杂度"的定义

复杂度，也有人称为复杂性，它通常被认为是 CAF 这三种衡量维度中最具争议的一个。因为复杂度至少包括两个方面：认知复杂度和语言复杂度。其中，认知复杂度是从二语学习者的角度来定义的，而语言复杂度是从二语系统或二语特征的角度来定义的（Housen and Kuiken, 2009）。虽然在衡量语言能力及语言发展情况的实证研究中复杂度的出现频率很高，但是想要从理论方面给复杂度下一个定义并不是易事。

当前关于复杂度定义的讨论大部分都是从以上提到的学习者或二语系统及二语特征两个角度出发的。前者如 Wolfe-Quintero, Inagaki & Kim（1998）提出：词汇和语法复杂度意味着学习者可以使用各种基本和复杂的词汇和结构。后者如 Skehan（2009），认为相对于保守的、不太高级的语言，复杂度是具有挑战性的语言。或者定义中涉及这两个角度，如Crystal（1997）指出复杂度既包括语言单位的内部结构，也包括使用或学习这些结构时的心理困难。除了下定义之外，还有研究者想出了其他方法来帮助大家理解复杂度的含义。Bulté & Housen（2012）尝试提出一个分类模型来捕捉复杂度的多维性，该研究表明语言复杂度隶属于绝对复杂度。

从以上讨论中可以看出，广义的复杂度包含很多的内容，但本研究所聚焦的复杂度是口语和写作产出复杂度，是与二语系统和二语特征这些客观情况相关的绝对复杂度。结合前人的实证研究，我们发现，语言复杂度也不仅仅指的是"具有挑战性的语言"，复杂度可高可低，实际上衡量的是语言产出在多大程度上具有挑战性。

1.2.2　复杂度相关实证研究

汉语作为第二语言的口语及写作产出复杂度研究起步较晚，且正处于发展时期，因此，在梳理前人研究时，本研究搜索了英语学习者口语及写作产出复杂度研究的文献，以期对这两种语言表现形式下的复杂度研究能有更加全面的认识和了解。

1.2.2.1　口语表现中的复杂度研究

1. 英语学习者口语表现中的复杂度研究

英语学习者口语复杂度的研究主要有两类：一是研究相关因素对英语学习者口语复杂度的影响，二是英语学习者口语复杂度的纵向追踪研究。

其中第一类研究内容更为丰富，包含了四个主要方向。第一，学界探究了任务相关变量对学习者口语复杂度的影响。相关变量主要包括任务类型、任务频次、任务复杂度、任务结构以及任务完成条件。更有些研究者选择"任务变量＋其他变量"进行实证研究，李茜（2015）和朱丽娅（2017）便是如此。但二者对任务类型的分类有所不同，前者认为任务类型可分为单人任务和双人任务，并考察了任务类型、任务频次以及是否参与任务后语言形式聚焦对学习者口语复杂度的影响。其结果表明任务频次使得多次参与任务练习与任务后聚焦活动的学习者的句法复杂度显著提高。韩亚文、崔雅琼等（2017）发现以任务频次为影响因素时，三次重复任务对提高口语产出复杂度的效果有限。朱丽娅（2017）把任务类型分成了做决定和看图说话，考察了任务类型与课堂组织形式对学习者口语复杂度的影响。张婷（2016）只探究了"拼图活动、信息补缺活动、交换意见活动、解决问题活动、决策活动"五种不同交互类型的任务是如何影响学生口语复杂度的。

在以任务复杂度为变量的研究中，研究者均通过不同方式改变了任务复杂度。袁玉琳（2012）控制了计划时间和是否提供相关语篇，邢加新（2019）控制了任务本身所涉及的元素数量，岑海兵（2016）调节了语境支持和推理要求两个维度，以上操作都影响了学习者口语复杂度。王静（2019）探究了任务复杂度和任务内在结构对英语学习者口语输出的影响，并发现了与只有前景信息的任务相比，含有背景信息和前景信息的任务能够让口语输出更复杂，而任务故事结构对口语复杂度无明显影响。也有其他研究涉及任务内在结构，郭进（2013）探究了叙事类任务的内在结构及任务完成条件对英语二语学习者口语表现的影响。同王静（2019）的研究一样，该研究结果也显示紧密结构任务和松散结构任务对英语口语产出复杂度没有显著影响，但任务完成条件是会话式还是独白式会对复杂度有影响，会话式任务完成条件与叙事任务的内在结构相结合能够对被试英语口语复杂度产生影响。

第二，探讨了变量与第二语言的输入、输出以及互动的关系。周卫京（2005）从语言输入的角度入手，探究了英语学习过程中语言视觉和听觉输入模式对口语产出的不同影响。黄明洁（2016）则以"输出驱动假设"为理论基础，在课堂上增加以输出为目的的练习，如学生讨论、内容复述、预设情景、编写并表演对话，并以此考察输出驱动练习对学习者口语能力的影响。与之不同的是张怀兮（2018）在实验时把输出练习环节加入学习者的作业中。他要求实验组额外进行写作任务，探究以写促学的方法是不是可以促进学生的口语能力。朱莹莹（2011）从互动的角度出发，对课堂师生协商互动对于学习者英语口语复杂性的长远效果进行纵向式探究。更有研究者以 Krashen 的输入假设理论、Swain 的输出假设理论还有 Long 的互动假设理论作为理论基础，周娟（2019）和张小芳（2012）分别从教师提问类型、提问策略、等待时间三个方面探索了教师的提问情况对学生英语口语产出复杂度的影响。

第三，提出了将工作记忆容量作为变量。金霞（2012）、韩亚文（2015、2017）经研究均发现，工作记忆容量对复杂度无影响。吴继红（2019）发现工作记忆对中、低容量组的句法复杂度有一定影响。上文中提到的岑海兵（2016）研究中的变量除了任务复杂度，也包括工作记忆容量。该研究结论表明英语学习者完成的口头描述任务的复杂度不同时，语言产出就会受到其工作记忆能力影响。

以上所提到的影响学习者口语复杂度的因素都是语言以外的因素，第四个研究方向，则更加关注对于语言本身的研究。如英语口语主语位置，也会影响学习者口语复杂度。周翩翩（2014）探索了英语口语语料中主语位置和句子句法复杂度之间的关系。结果表明句子的主语位置越靠后，句子复杂度越高。

与第一大类复杂度影响因素相比，纵向研究的数量十分有限，且研究过程大致相当。孙晶（2016）、李茶（2017）、钱丽（2017）均对学习者进行纵向考察，通过定期收集学习者口语测试语料，描述了不同学习者英语口语动态发展轨迹，总结了其口语动态发展模式。

2. 汉语学习者口语表现中的复杂度研究

汉语口语表现复杂度研究主要分为三类：一是汉语学习者口语复杂度影响因素研究，二是汉语学习者口语复杂度横向或纵向的比较研究，三是汉语口语复杂度测量指标的测算方法及适用条件研究。

在汉语口语复杂度影响因素研究中，学界普遍认为任务变量仍然是一个重要因素，研究者主要研究了任务类型对汉语口语复杂度产生的影响。刘琳（2012）与张婷（2016）选择了五种类型相同的任务，测量了在五种不同交互特点的任务中被试口语复杂度，并调查了被试对这五种任务类型的情感评价，以探索任务的交互特点对口语复杂度的影响。刘春艳（2015）考察了任务类型及汉语水平是否会影响言语特征量（CAF）与口语产出有效性之间的关系。刘瑜（2017）将输出文本类型与交际方式进行排列组合，形成了八组任务，并考察了这八组任务对汉语二语学习者词汇复杂度的影响。

除了任务类型以外，汉语口语复杂度还可能受到其他因素影响。简象（2015）衡量了有无提示和有无时间准备这两种任务前策略构想活动对学习者口语输出的影响。陈默（2020）考察了族群认同、文化认同、语言认同对俄罗斯、巴基斯坦、韩国汉语学习者口语复杂度、准确度以及流利度存在哪些影响。

第二类是汉语学习者口语复杂度横向比较研究。其中，有研究者选择对不同国家相同水平的汉语学习者进行口语复杂度比较，如王冰蕾（2014）从语言准确性、复杂性、多样性和流利度四个方面，对参与汉语桥比赛选手的口语表现力进行分析，从而了解中高级汉语学习者的汉语能力。

纵向比较则有韩笑（2016），探究了汉语学习者口语产出中句法复杂度各子维度的发展轨迹及模式。吴雪玉（2017）观察了一名韩国初级阶段汉语学习者的口语能力发展过程。朱珂瑶（2019）和马诗雯（2019）分别探究了六名目的语和非目的语环境中的汉语学习者的口语能力发展情况。

梁晓艺（2018）的研究将横向比较和纵向比较相结合，首先对西班牙初级汉语学习者口语表现进行了一段时间的追踪，并将其与同水平的意大利汉语学习者的词汇表现情况进行对比，分析了西班牙初级汉语学习者的口语产出中词汇方面的特点。

在第三类研究成果中，韩笑、冯丽萍（2017）考察了学习者口语产出复杂度基准型指标的发展情况，并分类讨论了基准型指标在口语能力发展中的测算方法及适用条件。

1.2.2.2　写作产出复杂度研究

需要说明的是，在梳理前人关于学习者写作产出复杂度的研究时，我们发现有一些研究者称学习者的写作产出为"书面语"。这里的"书面语"其实是从语言表现形式上对学习者语言产出进行分类的，实际上是指学习者的书面表现，在本文中我们将会称之为"写作产出"。

英语写作产出复杂度研究的文献分类与口语方面的类似，一是英语学习者写作产出复杂度影响因素研究，二是对英语写作产出复杂度的横向和纵向的对比研究，较为特殊的是第三类，即英语写作产出句法复杂度测量效度研究。

第一类中的影响因素主要是工作记忆容量。易保树、罗少茜（2012）考察了工作记忆容量对英语学习者写作产出 CAF 的影响。也有研究者以工作记忆容量和其他因素为自变量，分别探索两种自变量对英语写作产出复杂度的影响。刘思（2016）在研究中讨论了工作记忆容量和准备时间对写作产出的影响。李志花（2019）和韩亚文（2019）分析了工作记忆容量、任务复杂度对英语学习者写作产出的影响。亦有研究者另辟蹊径，研究言语技能之间的相互影响情况。袁玲（2019）在"以读促写"教学实验后，从语言产出长度、从属结构数量、并列结构数量、短语复杂度方面考察了学习者英语写作产出句法复杂度的特征。

在第二类中横向对比中，孙瑞宁（2016）对比了6个不同母语背景的英语学习者写作产出句法复杂度和词汇复杂度。卫志强、蔡彦（2018）从英语教材中收集了语料，对 ESP（English for specific purposes）和 EGP（English for general purposes）书面文本进行对比分析。

纵向追踪研究中，王宇、樊宇（2011）以入学考试作文和四、六级模拟作文为语料来源，纵向比较分析了理工科重点院校学生英语写作产出中词汇复杂度的发展特征。孙月（2017）追踪了英语专业学生的写作产出复杂度在四年内的变化，全面反映了其发展趋势。

第三类研究中，赵俊海、陈慧媛（2012）检验了英语学习者写作产出语法复杂度测量指标的效度，被检验指标包括 T 单位、从属小句、非限定动词和衔接成分。

在复杂度研究的相关文献中，汉语二语者写作产出复杂度研究数量最少，段宇翔（2018）考察了汉字文化圈和非汉字文化圈的高级水平汉语学习者作文中词汇复杂度的情况；徐蝴蝶（2018）以泰国汉语学习者为被试，探究了任务复杂度对写作产出复杂度和准确度的影响；李瑶（2018）则分析了韩国学习者在这两个维度中写作能力的发展情况；而陆筱俊（2016）即使研究写作产出中的语言发展情况也考虑了流利度这一维度。

1.2.2.3　口语和写作产出的相关性及复杂度研究

同时对口语和写作产出进行复杂度研究的文献多从词汇复杂度角度出发。余文青（2002）发现无论学习者母语背景是否相同，口语和写作产出中的词汇复杂度均没有显著差异。文秋芳（2006）分析了英语专业学生大学四年口语和书面语在词频广度、词汇多样性、词性分布比例方面的差异变化，并比较了其变化与本族语者口、笔语词汇差异是否一样。吴瑾、邹青（2009）则只研究了在词汇密度和词频两个方面中国学生英语口笔语间的差异。吴娟（2013）探究了词汇变化度、词汇复杂度、词汇密度和词汇错误在口语和写作中的情况，分析了英语学习者词汇丰富度与口语和写作质量的相关性及四个维度之间的相关性。

还有两篇文献考察了相关因素对复杂度的影响和复杂度的发展情况。金潇（2017）研究了任务复杂度和任务模式对学习者语言表现的影响。王玉敏（2018）研究了汉语口语和书面语输出复杂度发展不均衡现象，该研究主要是纵向追踪研究，分析了汉语短期强化项目过程中，学习者口语复杂度和书面语复杂度的发展情况。

1.2.3　口语与写作产出对比研究

因本文选取了口语与写作产出两种语料，故除了借鉴复杂度研究经验之外，还梳理了英语或汉语二语习得领域涉及的以学习者口语与写作产出为研究对象的其他方面的研究。

1.2.3.1　英语作为第二语言的口语写作产出对比研究

英语习得领域中选取两种产出作为语料的研究大致分为两种：一是比较语言产出的具体内容，二是探究教学方法对不同语言产出的影响。

第一类研究数量较多，其中很多研究者都在话语标记方面对两种方式下产出的语料做了比较。凌闪闪（2010）发现中国学生在口、笔语中使用语用标记语的情况存在着一定的差异，写作产出中出现了一定的口语化现象。杨燕锋分别在三篇文章中考察了口、笔语中时间状语与一般过去时标记之间的关系，动词突显度与一般过去时标记之间的关系，以及在口语和写作产出中记叙文语篇结构和情状体对一般过去时标记的交互影响。张艳雷、张洋（2014）发现在口语产出中学习者总是更愿意使用他们最熟悉的标记语，但在写作时学习者能够有意识选择较为正式的标记语。赵光莹（2020）研究了商务英语专业学生在商务英语口语与笔语的使用情况，研究结果表明在话语标记语类别及使用频率方面，学习者的使用情况明显低于以英语为母语的商务人士。

还有一类研究与"词"密切相关，包括词汇使用情况、词汇搭配情况。词汇使用情况通常基于某一类词，如文秋芳、丁言仁（2004）探究了英语学习者在口语、笔语中频率副词的使用特点；刘旭亮（2011）把口语材料和写作材料中的情态表达和手段分别进行统计分析，并对比了具体情态词在口语和写作产出中使用频率及使用情况的差异。词汇搭配情况的研究有郑李卉、肖忠华（2016），对比考察中国英语学习者在口语和书面语中的词汇搭配行为。结果表明：尽管口语和书面语中均存在大量搭配错误且其分布呈现相似特征，但学习者在写作中犯的错误数量显著性多于口语。

在语言习得过程中，词块学习也是一种有效的方法，因此也有研究者从词块入手来比较口语与写作产出的差异。丁言仁、戚焱（2005）探究了在口头复述故事和限时写作中词块知识、语法知识与英语口语表达能力和写作水平之间的关系。黄恋尧（2017）从总单词数、总语块数、T 单位个数方面比较了学习者口语和写作产出中语块的使用情况。也有研究者着眼于具体某个词块，如姚素华（2012）考察了中国英语学习者口语和写作产出中 as well（as）的使用情况是否与本族语者习惯相同。

隐喻和介入策略这两种语言学理论也为口语写作产出对比提供了理论支撑。黄琪（2008）发现概念语法隐喻、语篇语法隐喻、人际语法隐喻在不同语言产出方式中表现不同，语法隐喻的表现及其正式程度受口语任务和写作文体影响。王晨（2017）分析了中国学生在口语和写作语料中介入手段使用的异同。

学习者的口语和写作产出中本身蕴涵着大量的信息，以上研究均聚焦于某一细化的角度，但张松松（2002）从多个角度探寻英语学习者口语和书面语的差异。该研究者对被试从口头叙述时的自我改正、主谓一致、现在时和过去时的混用、语篇结构四个方面进行了比较。

第二类关于探究教学方法对不同语言产出影响的研究数量较少，但所考察的教学方法各具特色。袁勤（2007）通过流利性和准确性两个测量指标，考察了传统方法的学习者和非传统方法的学习者在语言产出能力方面的差异程度。戚焱、夏珺（2016）探究了词块背诵对学习者口语和写作水平发展的影响。廖建霞（2016）探究了构建同一语言模因语料库对英语学习者口头输出和书面输出的影响存在差异的原因。

1.2.3.2 汉语作为第二语言的口语写作产出对比研究

汉语学习者口语及写作产出的相关研究只有一篇，其研究领域为在汉语作为第二语言习得中研究较多的主题：偏误研究。单贞（2013）以初级阶段留学生为研究对象，分析了其在口语和写作中出现的语法成分省略不当现象。

1.2.4 小结

通过以上梳理，我们可以发现复杂度实证研究主要倾向于两种思路：一是考察变量对学习者语言产出复杂度的影响；二是从复杂度的角度纵向考察学习者语言能力的发展变化情况。从具体研究内容来看，复杂度影响变量的选取多受任务教学法影响，大部分该类研究的变量都与任务有关，而其他角度虽有涉猎，但是研究成果还不够丰富。从语料产出类型角度来看，大部分研究都只聚焦一种产出方式，英语学习者的口语、写作产出复杂度研究内容较为充分，汉语相关方面研究数量逐渐增加，但汉语写作产出复杂度的研究较少。因此，鉴于当前的研究现状，本文将分别收集学习者口语和写作产出语料。同时通过阅读以口语和写作产出两种语料为研究对象的文献，我们可以发现，关于口语及写作产出中词的对比研究有很大的探索空间。因此结合复杂度测量指标，本文将会比较连词在两种语言产出方式中的使用情况，对学习者口语及写作产出复杂度做出进一步的探索。

1.3 研究思路

1.3.1 语料介绍

本研究首先从 HSK［高等］口语考试的考生语料中筛选出 45 篇口语语料，再从 HSK 动态作文语料库中检索出 45 篇写作语料，确保两种语言表现的语料均来自参加 HSK［高等］的考生，并且将学习者的国籍限定为韩国。同时每种语言产出下所筛选出的语料分别属于如下三个组别：高分组（85~95分）、中等分组（65~75分）和低分组（60分及以下），每组^①各15篇，且每组的语料产出者男女人数大致相当。

在 HSK 动态作文语料库中，从写作语料的作文题目可以看出，语料话题分为两种类型：陈述性和议论性。HSK［高等］口试的命题说话也有两种问题，一种是陈述性的，一种是议论性的。因此，为尽可能控制学习者口语和写作产出的任务难度，本文均选择议论性产出作为研究对象。其中口语语料的题目为"一些职场人士因为总为自己的未来担忧，就给自己制订了一个短期内事业成功、生活富裕的计划，并因此而备感压力。你赞同他们的做法吗？为什么？"。写作的题目包括"吸烟对个人健康和公众利益的影响""如何看待安乐死""如何解决代沟问题"。最终自建了一个2.7万字的小型语料库。

收集语料之后，我们需要对语料进行转写。由于语料产出者是二语学习者，因此实际的口语或写作产出中会存在一些问题。在考试环境下，学习者在笔试时会出现因疏忽而未修改的笔误，在口试中会有重复、停顿、修正等状况。而测量语言产出复杂度时，语料应尽量贴近学习者所要表达的真实意图，并能够尽最大可能反映学习者语言水平。所有为保证测量的准确性，鉴于前人的经验及实际处理语料中所遇到的情况，在复杂度测量之前我们要对部分语料做出删除、补充和修改。下面我们将结合语料中的例句进行说明：

（1）删除。删除的内容如下：

①作文标题或直接抄写下来的作文材料。

②作文中重复的字。如："非吸烟者<u>也也</u>要尊重吸烟者，不要过分地要求他们不吸烟。"要去掉一个"也"字。

③口试中与所回答问题无关的内容。如："第一个问题回答完了，现

---

① 本文中所提到的"组"均为分数组，为做出区分，不再说口语组或写作组。

在开始回答第二个问题。""问题全部回答完了。"等说明考试流程的语言，或者考生对题目的朗读都要去掉。

④口语语料中的非流利填充语，包括无意义音节（"e""a""en"等）和有意义的词或话语成分填充（那/那个、这/这个、什么、然后、还有、就等）。无意义音节如："en 我追求的生活呢毕竟不是那种 a 是生活富裕的生活，也只是说能过上日子。"其中"en"和"a"属于非流利填充，要删掉。

有意义的词如："因为这个生活是很难预测的，这个无论古人还是今人都是这么想。"其中"这个"无实际指代，属于非流利填充，应该删除。

话语成分填充如："……而且这个压力是，怎么说呢，是自己无法胜任的，……"去掉"怎么说呢"。

⑤口语产出中学习者自我修正之前的部分。如："中国有句话叫有志者，常立志，无智者，有志者，立长志；无志者，常立志。"我们将其改为："中国有句话叫"有志者，立长志；无志者，常立志。"

⑥口语或写作中不完整的句子，如："所以这样的时候我们应该就……"

⑦口语中重复的部分。"因为我们 en 人失业的失业的时候……"，去掉重复的"失业的"。

（2）补充。针对作文中的丢字现象，要根据学习者上下文用词情况进行补充。如："这样的政策虽然对吸烟者来（看），有不利的。可是对不抽烟者来看，终于得到环境空气上的安乐。"作文中后一句话中也用到了同样的结构"对……来看"，因此在上一句丢字处补充一个"看"。

（3）修改。修改内容如下：

①繁体字。如："随着社会的进步，经济的发展以及人们社会道德的成孰，越来越多的人主张不应该在公共塲合上抽烟。"改成："随着社会的进步，经济的发展以及人们社会道德的成熟，越来越多的人主张不应该在公共场合上抽烟。"

②错字。作文中如"这""迄""最"等字，学习者书写时可能出现笔画缺失、部件错位等错误。此类问题反映了学习者书写问题，但不影响对该字的运用，因此应该予以修正。

③别字。别字出现的原因有很多种：第一，读音相同。如："但是，吸烟的确是百害无益的。不但威害个人的健康，还影响到别人的健康。"应将"威"改成"危"。

第二，读音相似。如："为了保证身体健康，保证良好的社会风气和社会环境，我们应开杜绝吸烟。"改成"应该"。第三，左右颠倒。"我家人不愿意部他玩儿什么的。"将"部"改成"陪"。第四，字形相似。"当每一个人吸烟时，周围的人也都得吸上那个人所哇出的烟味。"把"哇"改成"吐"。

④拼音。如果学习者作文中出现了拼音，要将其改成汉字。如："它所带来的问题不可能被这些用烟来 zhuàn 的钱来带提。"把"zhuàn"改成"赚"。

除以上情况外，还有一些情况虽然也属于错字或别字等现象，但由于无法判断学习者是否知道正确的表达，我们选择不作修改。

（1）语素错误。如："可是他们也承认吸烟的胁害性。"作为母语者我们会用"危害性"而不用"胁害性"。但学习者写出"胁"而不写别的字，说明至少是对"胁"这个语素有一点了解的。因此，我们无法判断学习者是书写错误还是将二者意义混淆，因此不做修改。

（2）形近词语混用。如："现在的社社随着经济的发展，人们的生活节秦便快，只顾得自己本身也是一件很难的事情了，何况关系别人呢？"此处用"关心"会更恰当。虽然"关系"和"关心"这两个词的汉字组成和读音都很相似，但学习者很可能也正是因为将二者混淆而错用，故不做修改。

（3）生造词语。如："烟含着数百种不好的物质，其所引起的疾病也列为几十种，尤其对呼吸机管影响极大。"汉语中没有"机管"这个词，但我们不确定学习者是否知道"器官"这个词。如果改成"器官"会影响复杂度的测量，所以此处不做修改。

1.3.2　研究步骤

本小节依次对研究目的中的三个问题进行实验设计。问题一考察的是不同分数组的学习者口语及写作产出复杂度的组间差异，以期探寻到低分组、中等分组的学习者在口语及写作产出中有待提高的维度，并比较两种语言产出方式下需要提高的维度是否一致。在本实验中比较差异时，我们用到了 SPSS 22.0 中的方差分析。其实验为单因素实验设计，自变量是学习者语言水平（高分组、中等分组、低分组分别代表三种水平），因变量是各复杂度测量指标的测量值。此实验需要进行两次，对口语产出和写作产出分别实验。

问题二意在比较同一分数组学习者的口语及写作产出复杂度差异，从而了解到学习者在哪种产出方式下复杂度更高，进而探索出另一种产出方式下语言复杂度的提升空间。在本实验中比较差异时，我们用到了 SPSS 22.0 中的独立样本 t 检验。其实验也为单因素实验设计，自变量是学习者语言表现形式（口语、写作），因变量是各复杂度测量指标的测量值。此实验需要进行三次，分别对高分组、中等分组和低分组进行实验。

问题三探究同一语言产出方式下，不同分数组学习者复杂度子维度间的相关性是否相同，以及同一分数组在口语和写作产出中存在相关性的复杂度子维度是否相同。我们希望能够根据问题三的探究结果，使学习者在学习过程中实现复杂度子维度间的相互促进。我们将用 SPSS 22.0 分别对三个分数组口语及写作产出的复杂度指标测量值进行 person 相关分析，再分别以学习者语言水平和语言产出方式为自变量，比较各复杂度子维度之间存在的相关性的异同。

第二节　选取测量指标

在众多复杂度的实证研究中，根据不同研究目的，研究者对复杂度测量指标的选取各有侧重。汉语词汇复杂度的测量主要包括两个角度：词汇多样性和词汇难度。词汇多样性考察学习者所用词语种类是否多样。常用的词汇多样性测量指标大多和词汇类型 V（type count）与文本总数 N（token count）之比，即类符形符比（Type–Token Ratio，TTR）有关。大部分词汇多样性的测量中都会涉及类符、形符这两个概念，但是有研究者发现如果直接用"类符/形符"去测量，其计算结果会受到文本长度的影响。于是在使用 TTR 作为测量指标时会对文段进行分割处理，计算平均语段词汇类型与词汇总数比，如刘琳（2012）以 20 个词为界，将语料切分若干语段后再进行计算。同时，也有研究者选择使用类符形符比的改进版，如根号 TTR（RTTR，也叫 Guiraud 指标，$V/\sqrt{N}$)、修正 TTR（CTTR，$V/\sqrt{2N}$)，以此来弥补 TTR 的不足之处。此外，词汇多样性也可以用 Uber 指标和 D 值来测量，但这两种指标在汉语复杂度测量中应用较少，并且目前无法用 D 值测量软件识别汉语。在本研究中，我们将选择 Guiraud 指标测量词汇多样性。

词汇难度主要反映的是在学习者语言产出中不同难度等级的词汇分布情况。研究者以大纲或词汇表等为依据来确定词的难度等级。大部分研究者使用了《汉语水平词汇与汉字等级大纲》，而刘瑜（2017）使用了《新汉语水平考试词汇表（2012）》，吴雪玉（2017）使用了《汉语国际教育用音节汉字词汇等级划分（2010）》。在本研究中，我们将考察《汉语水平词汇与汉字等级大纲》中的甲、乙、丙、丁四级词，及纲外词在语料中的分布情况，并参考丁安琪、肖潇（2016）的处理方法，将甲级词定为初级词，将乙、丙、丁级及纲外词定为中高级词，从而考察学习者产出的词汇难度。

通过以上总结可以发现，词汇复杂度的测量子维度较为固定，测量方法上也多有共同点。与之相比，句法复杂度的测量子维度则缺少确定性，研究者对测量指标的选择上，也是有多有少。一般在只聚焦于复杂度的研究中，研究者会选择更多且划分更为细致的指标测量句法复杂度，但是如果复杂度研究蕴涵在 CAF 研究之中，句法复杂度测量指标可能只有 1~2 个。经过梳理我们发现最常用的句法复杂度测量维度是数量和比例型，所用指标分别是基本单元长度和单元小句/分句数量，并在部分研究中以连词数量、句法等级、特殊句式个数、句法成分种类、无误基本分析单元长度等指标作为补充。

　　我们认为基本单元长度和单元小句/分句数量是必选的测量指标，而其他句法复杂度测量指标还需要根据语料特点进行选择。考虑到本研究的语料产出者参加的考试属于高等汉语水平考试，学习者应该已经完成了初级阶段的学习，大体处于中级或高级阶段，故还需选取能够反映中高级水平学习者语言产出特点的指标。中高级水平学习者较初级而言，需要更注重成段表达的能力，在成段表达时需要注重分句及句子之间的关系。连词使用情况能够较好地体现出这一点。经考察发现之前的研究者使用过和连词相关的复杂度测量指标主要有两种：一是从句法复杂度的角度测量连词数量，二是从词汇复杂度的角度测量连词使用比率（连词数/词汇总数）。在筛选语料的过程中，我们发现低分组的学习者可能会有表述内容过于简短的情况，但是在表达过程中也使用了相关连词，这样一来就会导致连词使用比率过高，甚至高于高分组学习者连词使用比率的测量值。虽然从数值上看低分组占优势，但却并不能说明低分组学习者在连词使用情况上比高分组学习者复杂。因此以上情况表明在使用连词使用比率这一指标时，需要注意语料的选取，同时还要注意，随机抽样也是选语料的重要原则，为防止连词使用比率这一指标对语料选取随机性的影响，我们选择使用连词数量在句法层面来测量学习者语言表现复杂度。

　　确定了测量指标之后，我们还需对某些指标中的概念进行严格界定，以方便后期能够准确地进行测量。

　　第一个要考虑的就是测量单元分句数量还是单元小句数量。句法复杂度的比例型维度有两种测量指标：单元分句数量和单元小句数量。为了确定具体测量指标，我们需要了解"分句"和"小句"有哪些区别。

　　吕叔湘先生认为小句是语言的基本动态单位。一个小句一般是一个主谓短语；也常常是一个动词短语（包括只有一个动词）；在少数情况下是一个名词短语（包括只有一个名词）。邢福义先生和储泽祥先生后续也对小句进行了界定。邢福义先生对小句的定义是："小句是最小的具有表述性和独立性的语法单位。"储泽祥先生指出，小句是汉语语法基本的动态单位，语调才是区别汉语小句和短语的关键因素。

通过以上学者的看法，我们了解到之所以划分小句是为了对语言的动态性方面进行研究，并且判定一个结构是否为小句也是较为复杂的。相对小句而言，分句的判定条件没有那么复杂，分句是复句的组成部分。在句法复杂度比例型方面的测量中，我们并不是想要了解学习者语言产出的动态性基本单元，而是想了解在一个基本分析单元中语言的比例层次。因此基于测量目的，我们将单元分句数量作为句法复杂度比例型的测量指标。

第二是确定基本分析单元。在以往的研究中，研究者在测量汉语学习者语言表现复杂度时采用过五种基本分析单元（basic analysis unit）：T-unit、AS-unit、C-unit、idea-unit 和话题链。

T-unit（minimal terminal unit/ 最小终止单元）指一个主句加上所有附属于它的从句和内嵌其中的非从句结构。（Hunt，1965；Street，1971；Gaies，1980）

C-unit（communication unit/ 交际单元）指在一定语境中可以清楚地表达一个句法或语用意义的单个完整句子、短语或者由词构成的语句。（Yuan & Ellis，2003：26）

Idea-unit（意义单元）指能够表达一个完整且独立信息的单元，这个单元的语言形式具有心理现实性。（刘春艳，2015）

AS-unit（analysis of speech unit/ 言语分析单元）指一个独立的句子或者一个独立的从句单元加上与之相关的从属句子。同时，主句与从属结构有着语义上的关联，其中独立的句子必须包含一个谓词结构，从句单元包括一些短语结构，而从属小句则包含主语、宾语、补语或者表语结构等。（Foster，2000）

话题链指篇章中的一个片段，通常由一个或一个以上小句构成，由一个话题引导，作为所有小句的联系纽带。（Dixon，1972；曹逢甫，1979）

通过对以上概念的梳理，我们可以发现基本分析单元主要有三种划分标准：第一种是从语法角度划分，如 T-unit 和 AS-unit；另一种是从语义角度来划分，如 C-unit、idea-unit；还有一种是从语用角度划分，如话题链。由于各单元的划分依据不同，具体测量情况也有一定的差异，因此引发了不同研究者的不同看法。首先，有研究者对单元的可靠性和有效性提出质疑。Foster et al（2000）认为 AS-unit 比 C-unit 更可靠，因为 AS-unit 可以清楚地区分不成功的开始、重复和自我纠正。其次，有研究者注意到了不同单元在不同语言表现形式下的应用情况，如张文忠等（2001），认为由于 C-unit 考虑到了口语中的省略现象和语境因素，因而与 T-unit 相比，C-unit 是进行口语研究的一个更为有效的指标。此外，随着不同语种语言表现研究的深入，结合不同语言自身特点划分基本分析单元显得尤为重要。Jin（2007）、Yuan（2009）和吴继峰（2016）均通过实证研究发现 T-unit 并不是测量汉语句法复杂度的可靠指标。

在前人对不同基本分析单元比较的基础上，我们更需要深入思考的是，有别于印欧语系句法特点的汉语要用哪种单元来测量才能在最大程度上保证测量结果的可靠性和有效性呢？而这些单元在汉语中需要怎样划分呢？经过梳理，我们发现有研究者提出了对汉语 T-unit、AS-unit 和话题链的划分原则，并且附上了相应例句。其中王亚琼、冯丽萍（2017）对 T-unit 的切分说明最为详细，对后续处理汉语语料有极大的指导意义。同时在本文的研究过程中，所要测量的是句法复杂度，因此我们更倾向用以句法标准切分的 T-unit 作为本文的基本分析单元。因此，本文将根据《第二语言习得研究中语料的基本单位及其在汉语中的切分方法——以 T 单位为例》中的划分原则，选择 T-unit 作为基本分析单元。

第三个要说明的就是连词数量中的"连词"到底指哪些词。我们需要考虑是不是语料中出现的所有连词都需要纳入测量范围？词性上不属于连词但是可以表示并列、转折等关系的词要怎么处理？首先我们找到了连词的概念。在《现代汉语（增订六版）》中提到"连词起连接作用，连接词、短语、分句和句子等，表示并列、选择、递进、转折、条件、因果等关系。"其次，我们要知道，选择连词数量作为测量指标是为了通过连词了解分句或句子之间的关系。因此，在测量过程中我们只统计连接分句和句子的连词，连词所连接的词和短语如果不属于分句或句子，我们将不做统计。此外，还要考虑到的特殊现象就是在汉语中有些副词也可以在复句中起关联作用，也可以反映出分句之间所对应的关系。这类词从词性划分的角度上看有着自己专门的类属，但是在实际应用上也起到了连词的连接作用，因此把此类词计入连词数量中去。在以往的研究中，石金媛（2019）按照李艳翠等（2015）的分类方法，在测量连词数量时也统计了不属于连词但在句中可反映分句关系的词，如"据此、也、比"等。本文也将借鉴石金媛的处理方法，但所参考的连词分类方法与之不同。最后，基于连词的概念，结合本文中的测量目的并借鉴前人的研究经验，本文所统计的连词为在《汉语水平等级标准与语法等级大纲》中甲、乙、丙、丁四级语法项目中出现的连词，及这四级语法项目中所出现的复句结构中的关联词。

最终本研究选定的复杂度测量指标及测量方法如表 5-1 所示：

表 5-1　复杂度测算指标及计算方法一览表

复杂度维度	测量维度	测量指标及测量方法
词汇复杂度	多样性	Guiraud 指标 = 类符数 ÷ 形符数的平方根
	难度	甲级词（初级词）比例 = 甲级词数量 ÷ 词汇总数 乙级词比例 = 乙级词数量 ÷ 词汇总数 丙级词比例 = 丙级词数量 ÷ 词汇总数 丁级词比例 = 丁级词数量 ÷ 词汇总数 纲外词比例 = 纲外词数量 ÷ 词汇总数 中高级词比例 =（乙级词数量 + 丙级词数量 + 丁级词数量 + 纲外词数量）÷ 词汇总数
句法复杂度	数量	单元词语数量 = 一个 T-unit 中的词数
	比例型	单元分句数量 = 一个 T-unit 中的分句数量
	连词使用情况	连词数量 = 连词个数

第三节　相同语言产出方式下不同分数组学习者复杂度差异检验

3.1　不同分数组学习者口语复杂度差异检验

3.1.1　不同分数组学习者口语词汇复杂度差异检验

口语产出词汇复杂度方差分析结果显示（表5-2），学习者水平在Guiraud指标、甲级词比例、乙级词比例、丁级词比例、中高级词比例维度主效应显著（$F_{(2, 42)}=15.357$, $p<0.001$; $F_{(2, 42)}=12.879$, $p<0.001$; $F_{(2, 42)}=3.853$, $p<0.05$; $F_{(2, 42)}=3.464$, $p<0.05$; $F_{(2, 42)}=12.890$, $p<0.001$）。多重比较结果显示：高分组、中等分组Guiraud指标明显高于低分组（$p<0.001$, $p<0.001$）；低分组甲级词比例显著高于高分组、中等分组（$p<0.001$, $p<0.05$），中等分组甲级词比例也显著高于高分组（$p<0.01$）；高分组乙级词比例显著高于低分组（$p<0.01$）；高分组丁级词比例显著高于低分组（$p<0.01$）；高分组中高级词比例显著高于中等分组、低分组（$p<0.05$, $p<0.01$）。其中在纲外词比例方面，虽然学习者水平主效应不显著，但是高分组纲外词比例仍然显著高于低分组（$p<0.05$）。而其他情况下三组之间无显著差异。

表 5-2　不同分数组学习者口语词汇复杂度差异检验

词汇复杂度	高分组	中等分组	低分组
Guiraud 指标	7.137(1.147)	6.655(0.790)	5.376(0.699)
甲级词比例	0.517(0.056)	0.579(0.054)	0.625(0.063)
乙级词比例	0.170(0.040)	0.151(0.035)	0.131(0.040)
丙级词比例	0.055(0.016)	0.043(0.023)	0.049(0.026)
丁级词比例	0.046(0.023)	0.033(0.017)	0.029(0.014)

续表

词汇复杂度	高分组	中等分组	低分组
纲外词比例	0.213(0.051)	0.193(0.060)	0.167(0.057)
中高级词比例	0.483(0.056)	0.422(0.054)	0.376(0.072)

注：括号内为标准差。下同。

3.1.2　不同分数组学习者口语句法复杂度差异检验

口语产出句法复杂度方差分析结果显示（表 5-3），学习者水平在单元词语数量、连词数量维度主效应显著（F（2，42）=6.623，p<0.01；F（2，42）=14.368，p<0.001），多重比较结果显示：高分组单元词语数量明显多于中等分组、低分组（p<0.05，p<0.01）；高分组连词数量明显多于中等分组、低分组（p<0.05，p<0.01），中等分组连词数量明显多于低分组（p<0.05）。其中，在单元分句数量维度中，虽然学习者水平主效应不显著，但是高分组单元分句数量显著多于低分组（p<0.05）。而其他情况下三组之间无显著差异。

表 5-3　不同分数组学习者口语句法复杂度差异检验

词汇复杂度	高分组	中等分组	低分组
单元词语数量	15.809(3.591)	13.223(3.693)	11.421(2.554)
单元分句数量	1.788(0.294)	1.665(0.280)	1.565(0.320)
连词数量	14.533(8.634)	7.267(3.218)	4.000(2.478)

3.2　不同分数组学习者写作产出复杂度差异检验

3.2.1　不同分数组学习者写作产出词汇复杂度差异检验

写作产出词汇复杂度方差分析结果显示（表 5-4），学习者水平在 Guiraud 指标、甲级词比例、丁级词比例、纲外词比例、中高级词比例维度主效应显著（F（2，42）=14.530，p<0.001；F（2，42）=17.773，p<0.001；F（2，42）=14.530，p<0.001；F（2，42）=6.824，p<0.01；F（2，42）=17.885，p<0.001）。多重比较结果显示：高分组学习者 Guiraud 指标明显大于中等分组和低分组（p<0.05，p<0.001），中等分组 Guiraud 指标明显大于低分组（p<0.01）；高分组甲级词比例显著高于中等分组和低分组（p<0.001，p<0.001）；高分组丁级词比例显著高于中等分组和低分组（p<0.05，p<0.05）；高分组纲外词比例显著高于中等分组和低分组（p<0.05，p<0.01）；高分组的中高级词比例显著高于中等分组和低分组（p<0.001，p<0.001）。其中乙级词比例、丙级词比例维度中，学习者主效应不显著，但是高分组乙级词比例显著高于低分组（p<0.05），高分组丙级词比例也显著高于低分组（p<0.05）。而其他情况下三组之间无显著差异。

表 5-4 不同分数组学习者写作产出词汇复杂度差异检验

词汇复杂度	高分组	中等分组	低分组
Guiraud 指标	8.863(1.115)	7.849(0.725)	6.875(0.876)
甲级词比例	0.424(0.058)	0.517(0.067)	0.557(0.062)
乙级词比例	0.193(0.043)	0.163(0.035)	0.156(0.048)
丙级词比例	0.073(0.020)	0.061(0.024)	0.052(0.026)
丁级词比例	0.058(0.020)	0.040(0.023)	0.041(0.022)
纲外词比例	0.253(0.052)	0.217(0.041)	0.195(0.037)
中高级词比例	0.576(0.058)	0.483(0.067)	0.444(0.061)

3.2.2 不同分数组学习者写作产出句法复杂度差异检验

写作产出句法复杂度方差分析结果显示（表 5-5），学习者水平在连词数量维度主效应显著（F（2，42）=3.435，p<0.05），多重比较结果显示：高分组连词数量明显多于低分组（p<0.05）。其中，在单元词语数量维度中，虽然学习者水平主效应不显著，但是高分组、中等分组单元词语数量显著多于低分组（p<0.05，p<0.05）。而其他情况下三组之间无显著差异。

表5-5　不同分数组学习者写作产出句法复杂度差异检验

句法复杂度	高分组	中等分组	低分组
单元词语数量	12.973(2.405)	12.839(1.924)	11.338(1.671)
单元分句数量	1.523(0.159)	1.488(0.188)	1.350(0.411)
连词数量	8.867(3.159)	7.800(3.299)	5.800(3.299)

　　以上我们分别从词汇多样性、词汇难度、单元词语数量、单元分句数量、连词数量五个主要的方面对不同分数组的学习者口语及写作产出复杂度各子维度进行比较。其中测量词汇难度时，除了统计了初级词（甲级词）比例和中高级词（乙级词＋丙级词＋丁级词＋纲外词）比例，也陈列了乙级、丙级、丁级、纲外词所占比例，以便了解到底是哪一等级的词汇影响了不同分数组之间中高级词比例的差异。下面我们将以表格的形式说明学习者水平主效应显著的情况下，学习者的口语及写作产出在哪些复杂度维度中存在差异。

表5-6　不同分数组口语产出中存在差异的维度

所比较的组别	存在显著差异的维度
高分组 中等分组	甲级词比例、中高级词比例、单元词语数量、连词数量
高分组 低分组	词汇多样性、甲级词比例、乙级词比例、中高级词比例、单元词语数量、连词数量
中等分组 低分组	词汇多样性、甲级词比例、中高级词比例、连词数量

表5-7　不同分数组写作产出中存在差异的维度

所比较的组别	存在显著差异的维度
高分组 中等分组	词汇多样性、甲级词比例、丁级词比例、纲外词比例、中高级词比例
高分组 低分组	词汇多样性、甲级词比例、丁级词比例、纲外词比例、中高级词比例、连词数量
中等分组 低分组	词汇多样性、甲级词比例

通过表 5-6 和表 5-7 我们可以发现，高分组、中等分组、低分组两两之间在复杂度方面都存在着差异，但是由于产出方式不同，其差异所在的复杂度子维度是不同的。因此低分组或中等分组的学习者想要取得进步，分别需要从口语和写作产出两方面找原因。

实验结果显示，低分组和高分组存在差异的维度最多，口语和写作中都有 6 个维度不一样。但是这些维度中有些属于低分组和中等分组之间的差异，因此，学习者如果处于低分组，应放平心态，逐渐向中等分组学习者看齐，之后才能实现向高分组的跃进。

如果想要从低分组向中等分组转变，首先应该使自己在汉语口语和写作产出中词汇变得多样。虽然在测量过程中词汇多样性和词汇难度属于两个测量维度，但是如果低分组学习者能加强对中高级词的学习，也会使得产出词汇多样性增加。本着循序渐进的学习原则，可以从乙级词开始，对照词表，查漏补缺，扩大词汇量。同时低分组学习者在口语产出方面还要注意分句与分句、句子与句子之间的关系，适当增加连词，提高句法复杂度。

想从中等分组提高到高分组，学习者对口语词汇和写作词汇的学习还是要持续进行，尤其是对丁级词和纲外词的学习能够有效缩减中等分组与高分组在写作产出方面的差距。同时在口语练习中，中等分组学习者应学会表述得详尽、完整从而增加单元词语数量，并且依然要注意增加连词的使用。

第四节　同一分数组学习者口语及写作产出复杂度的差异检验

4.1　高分组学习者口语及写作产出复杂度的差异检验

高分组词汇复杂度独立样本 t 检验结果显示（表 5-8），写作产出中 Guiraud 指标显著大于口语产出的（$p<0.01$）；口语产出中的甲级词比例明

显高于写作产出的（p<0.001）；写作产出中的丙级词比例明显高于口语产出的（p<0.05）；写作产出中的纲外词比例明显高于口语产出中的（p<0.05）；写作产出中的中高级词比例明显高于口语产出中的（p<0.001）。而其他情况下口语与写作产出之间无显著差异。

表 5-8　高分组学习者口语及写作产出词汇复杂度的差异检验

词汇复杂度	口语	写作
Guiraud 指标	7.137(1.147)	8.683(1.115)
甲级词比例	0.517(0.056)	0.424(0.058)
乙级词比例	0.170(0.040)	0.193(0.043)
丙级词比例	0.055(0.016)	0.073(0.020)
丁级词比例	0.046(0.023)	0.058(0.020)
纲外词比例	0.213(0.051)	0.253(0.052)
中高级词比例	0.483(0.056)	0.576(0.058)

高分组句法复杂度独立样本 t 检验结果显示（表 5-9），口语产出中单元词语数量明显高于写作产出的（p<0.05）；口语产出中的单元分句数量明显多于写作产出的（p<0.01）；口语产出中的连词数量明显多于写作产出的（p<0.05）。

表 5-9　高分组学习者口语及写作产出句法复杂度的差异检验

句法复杂度	口语	写作
单元词语数量	15.809(3.591)	12.973(2.405)
单元分句数量	1.788(0.294)	1.523(0.159)
连词数量	14.533(8.634)	8.867(3.159)

4.2　中等分组学习者口语及写作产出复杂度的差异检验

中等分组词汇复杂度独立样本 t 检验结果显示（表 5-10），写作产出

Guiraud 指标显著大于口语产出的（p<0.001）；口语产出甲级词比例显著高于写作产出（p<0.05）；写作产出中的丙级词比例显著高于口语产出中的（p<0.05）；写作产出中的中高级词比例显著高于口语产出中的（p<0.05）。而其他情况下口语与写作产出之间无显著差异。

表 5-10　中等分组学习者口语及写作产出词汇复杂度的差异检验

词汇复杂度	口语	写作
Guiraud 指标	6.655(0.790)	7.849(0.725)
甲级词比例	0.579(0.054)	0.517(0.067)
乙级词比例	0.151(0.035)	0.163(0.035)
丙级词比例	0.043(0.023)	0.061(0.024)
丁级词比例	0.033(0.017)	0.040(0.023)
纲外词比例	0.193(0.060)	0.217(0.041)
中高级词比例	0.422(0.054)	0.483(0.067)

中等分组句法复杂度独立样本 t 检验结果显示（表 5-11），口语与写作产出中的单元词语数量、单元分句数量、连词数量均不存在显著差异（p>0.05）。

表 5-11　中等分组学习者口语及写作产出句法复杂度的差异检验

句法复杂度	口语	写作
单元词语数量	13.223(3.693)	12.839(1.924)
单元分句数量	1.665(0.280)	1.488(0.188)
连词数量	7.267(3.218)	7.800(3.299)

4.3　低分组学习者口语及写作产出复杂度的差异检验

中等分组词汇复杂度独立样本 t 检验结果显示（表 5-12），写作产出 guiraud 指标显著高于口语中的（p<0.001）；口语产出甲级词比例显著高于

写作产出的（p<0.01）；写作产出中的中高级词比例显著高于口语产出的（p<0.01）。而其他情况下口语与写作产出之间无显著差异。

表 5-12　低分组学习者口语及写作产出词汇复杂度的差异检验

词汇复杂度	口语	写作
Guiraud 指标	5.376(0.699)	6.875(0.876)
甲级词比例	0.625(0.063)	0.557(0.062)
乙级词比例	0.131(0.040)	0.156(0.048)
丙级词比例	0.049(0.026)	0.052(0.026)
丁级词比例	0.029(0.014)	0.041(0.022)
纲外词比例	0.167(0.057)	0.195(0.037)
中高级词比例	0.376(0.063)	0.444(0.061)

中等分组句法复杂度独立样本 t 检验结果显示（表 5-13），口语与写作产出中的单元词语数量、单元分句数量、连词数量均不存在显著差异（p>0.05）。

表 5-13　低分组学习者口语及写作产出句法复杂度的差异检验

句法复杂度	口语	写作
单元词语数量	11.421(2.554)	11.338(1.671)
单元分句数量	1.565(0.320)	1.350(0.411)
连词数量	4.000(2.478)	5.800(3.299)

通过以上实验结果我们发现，即使在同一分数组学习者口语和写作产出复杂度测量值也存在着一定差异，如表 5-14 所示。

表5-14　口语及写作产出中存在差异的复杂度维度

组别	口语和写作产出中存在差异的复杂度维度
高分组	词汇多样性、甲级词比例、丙级词比例、纲外词比例、中高级词比例、单元词语数量、单元分句数量、连词数量
中等分组	词汇多样性、甲级词比例、丙级词比例、中高级词比例
低分组	词汇多样性、甲级词比例、中高级词比例

在高分组中，口语和写作产出存在差异的维度较多。其中在词汇复杂度方面，词汇多样性、丙级词比例、纲外词比例、中高级比例这四个维度中都显现出写作产出词汇复杂度高于口语产出的情况。但是在句法复杂度方面，口语产出的单元词语数量、单元分句数量、连词数量测量值则大于写作产出。

在中等分组，口语和写作产出复杂度差异只体现在词汇复杂度方面。写作产出的词汇多样性、丙级词比例、中高级词比例均高于口语产出。

在低分组中，差异维度数量较中等分组而言又有减少，但依然是词汇复杂度中的子维度。词汇多样性、中高级词比例方面写作产出测量值比口语产出更高。甲级词比例方面口语产出值更高。

通过以上比较我们发现，随着学习者语言水平的提高，口语和写作产出复杂度所体现出来的差异越多。的确，即使对于母语者而言，在不同的产出方式中的语言表现也会存在一定差异。通过考察所收集的语料，我们可以发现高分组的学习者已经具备了一定的语体意识，他们能够在口语产出中使用口语语体，而在写作产出中尽可能使用书面语语体。但是中等分组和低分组语言产出中口语书面语之分还不够明显，这也正是这两组学习者所要改善的地方。

此外，我们还发现无论学习者处于哪一水平，都存在着写作产出复杂度高于口语复杂度的现象。虽然低分组口语中的甲级词比例高于写作中的甲级词比例，但是结合在写作中中高级词比例更高的现象，反而说明写作产出的词汇难度大于口语产出的，即写作产出复杂度更高。那么基于以上讨论，口语复杂度高于写作产出复杂度的现象就只存在于高分组单元词语数量、单元分句数量、连词数量三个维度中了。接下来我们将分别从写作产出复杂度高于口语复杂度和口语复杂度高于写作产出复杂度两方面分析的实验结果，并提出相应学习建议。

写作产出复杂度高于口语复杂度的现象存在于词汇复杂度方面。如果从产出方式的特点来思考，我们能够发现写作考试时学习者会有一定的时间去思考词语的使用，但是在口试中学习者思考时间则不是那么充裕，因此可能导致词汇产出多样性和难度方面都不如写作产出。基于这一现象，我们可以看出学习者实际掌握的词汇往往比口语产出的要更复杂，但是可能由于对难度较高的词掌握情况不够好，所以在表达时想不到可以用这样的词。所以高分组、中等分组、低分组的学习者要加强对已学过词语的复习，提高词语使用的熟练程度，其中中等分组尤其要注意丙级词，高分组则要重视丙级词和纲外词。这样在口语产出中才能够及时想起中高级难度的词汇，同时能够用这些词汇对初级词汇进行同义替换，增加口语产出的多样性。

口语复杂度高于写作产出复杂度的现象存在于句法复杂度方面，且只出现在了高分组。我们认为，高分组学习者写作方面还有一定提升空间，可以在符合写作产出语言特点的情况下，理解句间关系，增加分句数量，合理运用连词，并增加句子长度。

第五节　复杂度子维度间相关性分析

本节考察的重点是复杂度子维度之间的相关性，我们将集中讨论中高级词比例与 Guiraud 指标、单元词语数量、单元分句数量、连词数量之间的相关关系，并进一步分析统计结论。

5.1　高分组复杂度子维度间相关性分析

5.1.1　高分组口语复杂度子维度间相关性分析

高分组学习者口语表现中复杂度各子维度间的相关关系如表 5-15 所示：

表 5-15　高分组口语表现中复杂度各子维度间的相关性分析

		Guiraud 指标	单元词语数量
中高级词比例	Pearson 相关	0.607*	
	显著性（双尾）	0.016	
	N	15	
单元分句数量	Pearson 相关		0.681**
	显著性（双尾）		0.005
	N		15
连词数量	Pearson 相关	0.773**	
	显著性（双尾）	0.001	
	N	15	

*. 相关性在 0.05 层上显著（双尾）；**. 相关性在 0.01 层上显著（双尾）；空白表示不相关。下同。

相关性分析结果显示，高分组口语产出 Guiraud 指标与中高级词比例在 0.05 层上呈正相关，与连词数量在 0.01 层上呈正相关。单元词语数量与单元分句数量在 0.01 层上呈正相关。

5.1.2　高分组写作产出复杂度子维度间相关性分析

高分组学习者写作表现中复杂度各子维度间的相关关系如表 5-16 所示：

表 5-16　高分组写作产出中复杂度各子维度间的相关性分析

		中高级词比例	单元词语数量
Guiraud 指标	Pearson 相关	0.533*	
	显著性（双尾）	0.041	
	N	15	

续表

		中高级词比例	单元词语数量
单元分句数量	Pearson 相关		0.798**
	显著性（双尾）		0.000
	N		15

*. 相关性在 0.05 层上显著（双尾）。

**. 相关性在 0.01 层上显著（双尾）。

通过以上分析我们发现，高分组写作产出 Guiraud 指标与中高级词比例在 0.05 层上呈正相关，单元词语数量与单元分句数量在 0.01 层上呈正相关。

5.2 中等分组复杂度子维度间相关性分析

5.2.1 中等分组口语复杂度子维度间相关性分析

中等分组学习者口语表现中复杂度各子维度间的相关关系如表 5-17 所示：

表 5-17 中等分组口语表现中复杂度各子维度间的相关性分析

		Guiraud 指标	单元词语数量
单元分句数量	Pearson 相关		0.734**
	显著性（双尾）		0.002
	N		15
连词数量	Pearson 相关	0.623*	
	显著性（双尾）	0.013	
	N	15	

*. 相关性在 0.05 层上显著（双尾）。

**. 相关性在 0.01 层上显著（双尾）。

从表 5-17 看出，中等分组口语产出 Guiraud 指标与连词数量在 0.05 层上呈正相关，单元词语数量与单元分句数量在 0.01 层上呈正相关。

5.2.2　中等分组写作产出复杂度子维度间相关性分析

中等分组学习者写作表现中复杂度各子维度间的相关关系如表 5–18
所示：

表 5–18　中等分组写作产出中复杂度各子维度间的相关性分析

		单元词语数量	单元分句数量
单元词语数量	Pearson 相关		0.728**
	显著性 （双尾）		0.002
	N		15
单元分句数量	Pearson 相关	0.728**	
	显著性 （双尾）	0.002	
	N	15	

*. 相关性在 0.05 层上显著（双尾）。
**. 相关性在 0.01 层上显著（双尾）。

分析结果表明，中等分组写作产出单元词语数量和单元分句数量在
0.01 层上呈正相关。

5.3　低分组复杂度子维度间相关性分析

5.3.1　低分组口语复杂度子维度间相关性分析

低分组学习者口语表现中复杂度各子维度间的相关关系如表 5–19 所示：

表 5–19　低分组口语表现中复杂度各子维度间的相关性分析

		单元词语数量	单元分句数量
单元词语数量	Pearson 相关		0.630*
	显著性 （双尾）		0.012
	N		15

续表

		单元词语数量	单元分句数量
单元分句数量	Pearson 相关	0.630*	
	显著性（双尾）	0.012	
	N	15	

*. 相关性在 0.05 层上显著（双尾）。

**. 相关性在 0.01 层上显著（双尾）。

通过以上分析结果我们了解到低分组口语产出单元词语数量和单元分句数量在 0.05 层上呈正相关。

5.3.2　低分组写作产出复杂度子维度间相关性分析

低分组学习者写作表现中复杂度各子维度间的相关关系如表 5-20 所示：

表 5-20　低分组写作产出中复杂度各子维度间的相关性分析

		中高级词比例	单元词语数量
中高级词比例	Pearson 相关		0.880**
	显著性（双尾）		0.000
	N		15
单元词语数量	Pearson 相关	0.880**	
	显著性（双尾）	0.000	
	N	15	

*. 相关性在 0.05 层上显著（双尾）。

**. 相关性在 0.01 层上显著（双尾）。

表 5-20 表明低分组写作产出中高级词比例和单元词语数量在 0.01 层上呈正相关。

通过以上 person 相关分析的结果，我们发现不同复杂度子维度确实存在着一定相关关系，但是由于组别不同、产出方式不同，所呈现出的相关性也不同，不过各维度之间呈现出来的均为正相关。

表 5-21　复杂度各子维度相关性比较

组别	产出方式	相关性
高分组	口语	Guiraud 指标与中高级词比例、Guiraud 指标与连词数量、单元词语数量与单元分句数量
	写作	Guiraud 指标与中高级词比例、单元词语数量与单元分句数量
中等分组	口语	Guiraud 指标与连词数量、单元词语数量与单元分句数量
	写作	单元词语数量和单元分句数量
低分组	口语	单元词语数量和单元分句数量
	写作	中高级词比例和单元词语数量

根据表 5-21 的整理，我们同样依照之前的两种对比路径进行比较。

路径一：在相同产出方式下，我们发现学习者水平不同，复杂度子维度的相关情况不同，并且高分组出现的相关情况多于中等分组和低分组。

从口语产出来看，高分组的中高级词汇比例会对词汇多样性产生正向影响。在语言产出时中高级词汇比例增加，也会使整体词汇使用情况变得多样。因此高分组的学习者应该重视这种相关性，加强对中高级难度词汇的学习及运用，使得口语产出词汇难度提高的同时也能丰富词汇多样性。

在高分组和中等分组中，Guiraud 指标与连词数量都呈现出了相关性，但是在低分组中没有。连词本身即为词类的一种，适当运用不同的连词就能增加词汇多样性。并且连词又有沟通分句或句子的作用，因此一个连词的出现不会使句子终止，而是会引出分句或句子，也相当于连词引出了很多新的词语。所以在高分组和中等分组可以通过对连词的习得，提高语言产出词汇多样性。

高分组、中等分组、低分组在口语产出中都出现的相关性就是单元词语数量和单元分句的相关关系。我们可以看出，无论处于哪种学习水平，学习者在口语表现中都能够通过增加分句数量的方式，增加表达单元的长度。

再从写作产出来看，只有高分组呈现出了 Guiraud 指标与中高级词比例的相关性，因此不仅是在口语方面，在写作产出中高分组的学习者也应该重视中高级难度的词汇。

值得注意的是低分组写作产出中表现出了与高分组、中等分组不同的相关性，即中高级词比例和单元词语数量呈现出的相关性。而在高分组和中等分组中，单元词语数量和单元分句数量呈正相关，未表现出和词汇复杂度方面的相关性。从中我们可以看出，低分组学习者在写作时可以依靠词汇去提升表达的长度，而中等分组、高分组则要依靠分句。

路径二：相同分数组中，不同产出方式下的复杂度子维度相关性也是不同的。在高分组和中等分组中，口语产出的相关性都比写作产出中的多。高分组和中等分组口语产出中特有的相关性为 Guiraud 指标与连词数量呈正相关。我们可以看出，这两个分数组的学习者在口语表达中更注重分句或句子之间的关系，而在写作中往往忽视这一点。我们建议高分组和中等分组学习者在写作过程中也要注意连词的使用，但是也要注意不要迁移过度，因为口语和写作产出本身就存在一定的差异，所以口语产出中连词数量能够增进词汇多样性可能与表达习惯有关，学习者只要学会在必要的时候适当使用连词即可。

在低分组中，口语和写作方面都只表现出了一种相关关系，但是存在相关性的维度并不相同。口语中单元词语数量和单元分句数量相关，写作中中高级词比例和单元词语数量相关。我们建议低分组学习者要学会了解自己口语分句表达的优势和写作中中高级词语表达的优势，将两种优势在口语和写作表达中融会贯通，以提高单元词语数量。

第六节　本章小结

本文以 HSK［高等］中韩国学习者的口语和写作语料为研究对象，分别对口语和写作产出复杂度进行了测量，探究了同一产出方式下不同水平学习者语言产出复杂度有哪些不同，考察了同一分数组的学习者口语和写作产出复杂度有哪些不同，并按照以上两种路径对比了不同分数组的学习者口语和写作产出复杂度各子维度的相关关系。最终根据实验结果得到了如下结论：

（1）在口语产出方面，高分组和中等分组在甲级词比例、中高级词比例、单元词语数量、连词数量方面存在显著差异；高分组和低分组在词汇多样性、甲级词比例、乙级词比例、中高级词比例、单元词语数量、连词数量方面存在显著差异；中等分组和低分组在词汇多样性、甲级词比例、中高级词比例、连词数量方面存在显著差异。

在书面产出方面，高分组和中等分组在词汇多样性、甲级词比例、丁级词比例、纲外词比例、中高级词比例维度存在显著差异；高分组和低分组在词汇多样性、甲级词比例、丁级词比例、纲外词比例、中高级词比例、连词数量维度存在显著差异；中等分组和低分组在词汇多样性和甲级词比例维度存在显著差异。

（2）高分组在口语和写作产出存在显著差异的维度有词汇多样性、甲级词比例、丙级词比例、纲外词比例、中高级词比例、单元词语数量、单元分句数量、连词数量；中等分组在口语和写作产出存在显著差异的维度有词汇多样性、甲级词比例、丙级词比例、中高级词比例；低分组在口语和写作产出存在显著差异的维度有词汇多样性、甲级词比例、中高级词比例。

（3）将复杂度各子维度经过 person 相关性分析发现，所有的相关关系均为正相关。高分组在口语产出中呈现的正相关关系有 Guiraud 指标与中高级词比例、Guiraud 指标与连词数量、单元词语数量与单元分句数量。在写作产出中呈现的正相关关系有 Guiraud 指标与中高级词比例、单元词语数量与单元分句数量。

中等分组在口语产出中呈现的正相关关系有 Guiraud 指标与中高级词比例、单元词语数量与单元分句数量。在写作产出中呈现的正相关关系有单元词语数量和单元分句数量。

低分组在口语产出中呈现的正相关关系有单元词语数量与单元分句数量。在写作产出中呈现的正相关关系有中高级词比例和单元词语数量。

第六章 基于多维分析法的汉语口语面试外推论据效度验证

第一节 概 述

在教育与心理测量领域，效度研究一直是最为核心的议题之一。与效度相对应的效度验证则是研究者们在考试研究的具体实践中需要经常面对的问题。当前学界已专项列出了效度验证所需的类似于检查清单的标准条目和效度验证的基本模式，供测试研究者学习运用。然而，效度验证虽然意义重大，但尚未得到考试研究人员应有的重视（刘庆思，2018）。尤其是口语测试的效度验证，国外研究正在不断深入，国内研究尚属起步阶段，亟待测试研究人员的关注与思考。在学习了密歇根英语口语评估（MELAB）测试的外推研究后，本章尝试引入基于语料库的多维分析法，通过自建汉语口语面试小型语料库，从对比的角度考察汉语口语面试引出的语言使用特征在多大程度上与汉语母语语料库的语言特征相似，从而实现在多维分析法的应用下，国内汉语口语面试外推论据效度验证的首次探索。本文尝试回答三个研究问题：

（1）通过与汉语母语者口语语料库相比，汉语口语面试引出的语言使用特征在多大程度上与母语语料库的语言特征相似？

（2）不同水平的汉语学习者与汉语母语者在口语交际中引出的语言特征的相似性如何？

（3）不同水平的汉语学习者之间在口语面试中所引出的语言特征是否存在差异？

第二节　效度外推论据的界定

2.1　效度验证中的外推论据

效度也叫有效性，即测验（比如本文研究的口语面试）在多大程度上测到了考生的口语水平，是考试评价中的一项重要指标。效度验证则是收集相关证据为特定分数解释提供科学依据的过程（AERA、APA、NCME，2014）。当前效度研究的主要方法是基于论据的方法（Kane，2013），是一个为测验收集效度证据的过程，其中外推推论环节的验证也是效度验证的重要组成部分。这个推论需要证据支持从观察考生可以做什么来评估他们在目标领域能做什么的推理步骤（Chapelle et al., 2008b; Kane, 2013）。

在语言测试中，外推的一个假设是，特定的语境特征会影响对此感兴趣的测试者在目标领域语言测试的表现和语言使用（Bachman, 1990; Biber & Conrad, 2009）。例如，如果学术讲话被认为是考生语言能力的一个可观察属性，学术讲话可以由语言类型（如学术话语中多次出现的各种从句、假设等）和超语言特征（如参与者的特征、交际目的等）来操作性定义，这些界定已证明能够代表学术演讲者所使用的语言特征类型（Biber, 2006）。可见，如果一项测试任务可以模仿目标领域情境，那么测试任务引出的语言就会与目标领域使用的语言相似，研究这种相似性可以用来支持测试效度论证中的外推推论。

因此，效度论证中外推推论建立的基础就是具体的情境特征对被试在测试任务和目标语言使用领域的表现都有影响，语言使用情境的特征对于测验分数解释非常重要，可以通过情境特征将测验任务和目标语言使用联系起来，可以利用情境特征来为外推推论提供效度证据和支持。

2.2 外推推论的理论依据及验证方法

根据上文的概念简介，可以看到效度验证中外推推论的设立，是有其语言交际能力理论基础的。早在 20 世纪 90 年代初，Bachman（1991）就提出了语言交际能力模型，指出交际语言测试应强调语言交际功能，交际语言测试应当是在真实或接近真实的情景中通过完成真实的交际任务来测量考生运用语言知识的能力的。随着研究的深入，Bachman 和 Palmer（1996、2010）在目标语言使用分析框架中提供了鉴别目标领域中或许会影响语言使用特征的方法，这一方法包括考察情境的特征、评分规则、任务的语言输入、理想的反应以及理想反应与输入之间的关系。值得注意的是，虽然他们一直强调要考虑具体的情境特征，但是提供的分析法缺少可靠的量化方法去考察生产出的语言。

基于上述问题，LaFlair 等（2017）提出采用基于语料库的语域分析法作为外推推论，以此为效度验证提供语言学方面的证据支持。

语域可以看作一种具有情境特征的语言变体（Biber & Conrad，2009）。语域分析包括确定说话者的角色和环境等情境分析、语言学分析、对情境语境中的语言特征进行功能性解释三部分。由于交际活动的功能需要，所有这些情境特征都会影响说话者所使用的语言形式。

基于语料库的语域分析的突出优点是利用了多维分析的方法，这是一种基于交际语言能力理论的量化语言分析方法。该方法最早被美国语言学家 Biber（1985）使用，允许考虑共同出现的语言特征，将 Bacnman 和 Palmer（2010）提出的目标语言使用域分析中的很多特征整合到一个统计程序（因素分析）中，这种方法可以对测试任务与目标语言使用范围中的语言特征和功能特征进行量化比较。

具体来说，基于语料库的语域分析（多维分析）法能够解释语言特征的共现，能够对不同交际目的的语言特征的使用有更深入的认识。多维分析的优势就是每一个维度都可以解释多种语言特征。同时，多维分析把关注的焦点从寻找具有统计学意义的特征转移到识别语言使用共现模式的趋势。此外，维度解释可以探究考生如何使用特定的语言特征来达到各种交际目的。Biber 等人（2014）的研究表明，TOEFL iBT 口语（和书面）任务中语言维度的使用分析是比统计个人语言学特征更好的预测指标，这种方法支持效度论证的外推。

第三节　汉语口语面试效度验证的实证研究

基于语料库的多维分析法注重对语言使用共现模式的探索，这一特点对主观性测试（例如口语测试）的效度验证具有无可比拟的突出优势。结合前人研究，本文尝试回答三个研究问题：

（1）通过与汉语母语者口语语料库相比，汉语口语面试引出的语言使用特征在多大程度上与母语语料库的语言特征相似？

（2）不同水平的汉语学习者与汉语母语者在口语交际中引出的语言特征的相似性如何？

（3）不同水平的汉语学习者之间在口语面试中所引出的语言特征是否存在差异？

基于以上问题的分析，本文尝试揭示不同口语水平学习者之间在语言特征和使用维度上的差异及变化趋势，以此作为口语面试效度验证的证据之一，证明口语面试能够有效地测量和评估考生的汉语口语水平，分析结果对改进和完善口语面试评分标准，也有一定的启示和借鉴作用。

3.1　语料收集及基础数据

留学生口语语料收集来源为实用汉语水平认定考试（C.TEST 口语面试）录像资料①。通过观看录像并进行人工转写，共整理 63 名留学生参加

---

① C.TEST 口语面试是国内第一个专门测量母语非汉语者的汉语口语水平的面试型口语考试，该考试形式为面试官与考生的一对一交流。

口语面试的语料，其中涵盖了中级水平语料（考试得分 4 分）20 份、中高级水平语料（考试得分 5 分）20 份，高级水平语料（考试得分 6 分）20 份以及专业级语料（考试得分 7 分）3 份。显然，为了与汉语母语者口语语料进行有效的对比分析，本研究聚焦于中、高级水平考生的汉语口语面试语料作为分析样本。选取话题包括生活、兴趣、工作、环境保护、人际关系等较为普适性的内容。

母语者口语分析语料取自"国家语委现代汉语通用平衡语料库"和"中国传媒大学有声传媒语言语料库"，搜集访谈类节目中以"双人交流"为主要形式的对话语料。与口语面试考生人数一致，我们同样收集了 63 位母语者接受访谈的口语语料作为研究材料。访谈话题同样聚焦于生活、兴趣、家人、工作等日常性内容。

3.2　情境分析

从语域分析法的理论依据可知，情境是语域分析中的重要组成环节，情境同时也是交际语言能力理论的核心要素，因此对测试情境与目标情境的对比分析，有助于增强对口语测试有效性证据的解释力。本研究从参与者、参与者间关系、方式、作答特征、环境、交际目的、话题范围七个情景，逐一对口语面试和母语者访谈两种口语表达途径进行了分析。详见表 6-1。

表 6-1　两种语域情境的对比分析

情景	C.TEST 口语面试	一对一访谈节目
参与者	面试官 vs 考生	主持人 vs 嘉宾
参与者间关系	评判型	交际型
方式	面对面即时表达	面对面现场交流
作答特征	问答式	问答式
环境	面试的私人空间	电视播放的共享时间

情景	C.TEST 口语面试	一对一访谈节目
交际目的	获得口语水平等级	接受访谈，配合表达
话题范围	普适性和特定测试目的相结合，具体包括：工作、生活、兴趣、人际交往、交通、文化、教育、环境、法律、竞争与合作等	普适性话题，可事先了解话题范围，具体包括：兴趣、工作、家庭、生活、友谊、事业发展、管理

从上表可知，在面向汉语作为第二语言考生的 C.TEST 口语面试和汉语母语者访谈节目这两种语域情境下，参与者均为一对一的形式，而且都是现场即时表达，其中访谈节目中嘉宾通常会提前了解话题内容。在交流方式上一般都采用问答式。

当然这两种语域情境也存在一些明显的差异，具体表现为：在参与者关系和交际目的方面，口语面试是以考试评价为主导的，而访谈节目则是以平等交际为主，不存在评价与被评价的关系，因此口语面试中的考生会努力表现自己最佳的语言表达能力，体现自己的口语水平。相比之下，访谈嘉宾则更倾向于自然的交流。在交谈话题方面，口语面试有固定的话题类型和循序渐进的话题难度，范围涉及普适性话题和需要发表观点的议论性话题设计。访谈中的话题则更倾向于普适性、生活化的日常陈述类话题。另外，两种语域的外在环境差异较大，口语面试都是在固定的考场中进行，而访谈节目通常在较为公开的演播间进行。

以上对语域情境特征的简要对比描述，可以为解释导致语言差异的因素提供相应依据。

3.3 语言特征的选取

在进行初步的情景分析之后，我们首先为语言分析选择适当的语言特征，通过梳理和参考前人相关研究（孙德金，2005；鲁倩文，2018；陈瑾，2019），本章选择了 42 个语言特征进行分析，包括连词、程度副词等各类副词、各类能愿动词、人称代词、各类复句等，作为语料分词提取的依据和多维分析的数据基础。详见文后附录1。

3.4　多维分析

基于上述整理与统计，在初建语料库的基础上，对上述五个语料库进行了因素统计，结果如下：

（1）对20份中级水平（4分）的口语语料运用因素分析，最终提取出6个因素，累计百分比为80.45%，其中前3个因素的累计百分比达到54.22%，由此确定为主要因素。根据归入的三个因素的语言特征，我们将中级水平考生口语面试表达的三个维度命名为：维度一是口头陈述，描述交流，变异贡献量为29.94%；维度二是表达情感、态度说明，变异贡献量为13.94%；维度三是为一般性叙事，变异贡献量为10.34%。详见表6-2。

表6-2　中级考生口语面试表达维度

维度	突出的语言特征
一、口头陈述、描述交流	形容词、一般副词、程度副词、时间副词、否定副词、方位词、语块、数词、量词、疑问代词、指示代词、表意欲、因果复句、转折复句、非流利填充语
二、表达情感、态度说明	介词、第一人称、第二人称、假设复句
三、一般性叙事	第三人称、表必要

（2）对20份中高级水平（5分）的口语语料运用因素分析，结果提取出8个因素，累计百分比为82.53%，其中前3个因素的累计百分比达到56.30%，由此确定为主要因素。根据归入的三个因素的语言特征，我们将中高级水平考生口语面试表达的三个维度命名为：维度一是口头陈述，细节描述，差异贡献量为22.96%；维度二是表达观点，差异贡献量为14.56%；维度三是固定结构使用，差异贡献量为12.03%，详见表6-3。

表6-3 中高级考生口语面试表达维度

维度	突出的语言特征
一、口头陈述、细节描述	形容词、一般副词、程度副词、范围副词、语气副词、方位词、数词、量词、指示代词、第二人称、表意欲、选择复句
二、表达观点	时间副词、疑问代词、表可能、假设复句
三、固定结构使用	语块、第三人称、表必要、非流利填充

（3）对20份高级水平（6分）的口语语料运用因素分析，结果提取出9个因素，累计百分比为84.46%，其中前4个因素的累计百分比达到54.66%，由此确定为主要因素。根据归入的四个因素的语言特征，我们将高级考生口语面试表达的四个维度命名为：维度一是口头陈述，差异贡献量为20.92%；维度二是表达观点，差异贡献量为13.93%；维度三是一般叙事，差异贡献量为11.23%；维度四是说明论述，差异贡献量为8.56%，详见表6-4。

表6-4 高级考生口语面试表达维度

维度	突出的语言特征
一、口头陈述	形容词、一般副词、数词、介词、第一人称、表可能
二、表达观点	连词、时间副词、语块、选择复句、转折复句
三、一般叙事	方位词、第二人称、表意欲、非流利填充
四、说明论述	否定副词、疑问代词、表必要、因果复句

（4）对3份专业级水平（7分）的口语语料运用因素分析，结果提取出2个因素，累计百分比为100%，因此我们将专业级考生口语面试表达的两个维度命名为：维度一是口头陈述，表达观点，差异贡献量为52.82%；维度二是互动交流、细化信息，差异贡献量为47.18%，详见表6-5。

表6-5　专业级考生口语面试表达维度

维度	突出的语言特征
一、口头陈述、表达观点	形容词、一般副词、程度副词、时间副词、介词、第一人称、第二人称
二、互动交流，细化信息	方位词、语块、数词、疑问代词、第三人称

（5）对63份母语者的口语语料运用因素分析，结果为提取出6个因素，累计百分比为68%，其中第一个因素的累加贡献率高达43.11%，因此我们将母语者口头表达确定为两个主要维度，分别命名为：维度一是口头陈述，表达观点，差异贡献量为43.11%；维度二是互动交流、细化信息，差异贡献量为6.41%，详见表6-6。

表6-6　母语者访谈口头表达维度

维度	突出的语言特征
一、口头陈述、表达观点	形容词、一般副词、连词、范围副词、程度副词、时间副词、语气副词、否定副词、方位词、语块、数词、介词、量词、处所词、第三人称、表意欲、表意愿、表可能、表必要、选择复句、因果复句、转折复句、假设复句、
二、互动交流，细化信息	疑问代词、第一人称、选择复句、非流利填充

表6-7　不同语料库中提取的语言特征种类、数量对比

语料库	提取特征数目	语言特征命名及特征数量
中级考生口语面试	3	1. 口头陈述、表达观点：15 2. 表达情感、态度：4 3. 一般性叙事：2 共计：21
中高级考生口语面试	3	1. 口头陈述、表达观点：12 2. 互动交际：4 3. 表明态度、细化信息：4 共计：20

续表

语料库	提取特征数目	语言特征命名及特征数量
高级考生口语面试	4	1. 口头陈述、表达观点：6 2. 未来建议：5 3. 互动交流：4 4. 一般性叙事：4 共计：19
专业级考生口语面试	2	1. 口头陈述、表达观点：7 2. 互动交流，细化信息：5 共计：12
母语者访谈	2	1. 口头陈述、表达观点：24 2. 互动交流，细化信息：4 共计：28

表 6-8　五种语料库提取的语言特征细节对比

语料库	语言特征
所有库共有特征	形容词、一般性副词、程度副词、时间副词、方位词、语块、数词、介词、量词、疑问代词、第一人称、第二人称、第三人称
中级库独有	否定副词、指示代词、表意欲、表可能、表必要、选择复句、因果复句、转折复句、假设复句、非流利填充
中高级库独有	范围副词、语气副词、指示代词、表意欲、表可能、表必要、选择复句、条件复句、转折复句、假设复句、非流利填充
高级库独有	连词、语气副词、否定副词、表意欲、表可能、表必要、选择复句、因果复句、转折复句、假设复句、非流利填充
专业级库独有	无
母语者访谈库独有	连词、范围副词、语气副词、否定副词、处所词、表意欲、表可能、表意愿、表必要、选择复句、因果复句、条件复句、转折复句、假设复句、非流利填充

第四节　维度功能解释

4.1　语料库基础数据

为更详细了解本章的语料数据情况，通过梳理语料，本章对使用的 5 个语料库的基础数据统计如下：

表 6-9　5 个语料库的基础数据

语料库	文本数	平均词数	总词数	平均词长
中级语料库（4 分）	20	1268.85	25377	1.61
中高级语料库（5 分）	20	1476.2	29524	1.62
高级语料库（6 分）	20	1485.4	29708	1.62
专业级语料库（7 分）	3	1700.67	5102	1.63
母语者语料库	63	2009.80	126618	1.58

从表中的基础数据可以看出，随着汉语水平的提高，考生在口语表达中的平均词数也在不断增加，可以说，平均词数与汉语水平是正向相关的，汉语水平越高，平均词数就越多，口语表达中的用词量就会越多，表达内容会更充分、详尽，用词也会更加丰富多样。尤其是与母语者语料库的基础数据性比，更能体现这一点。母语者语料库的平均词数为 2009.80，远远高于专业级水平语料库的词数（平均词数为 1700.67）。由此也可以看出，口语面试较好地区分了考生的口语水平，有效地实现了对考生口语水平的分类分级。

4.2　维度功能讨论

本章的目的是调查与 C.TEST 口语面试效度论证的外推有关的语言和

功能证据。根据语言交际能力理论，本文首先对口语面试及与其相近的目标语域（母语者参加的访谈节目）进行情景分析，为后续解释语言分析结果奠定基础。然后，我们统计并比较了不同等级的考生口语面试语料库和母语者访谈节目语料库在表达维度、语言特征种类及数量方面的差异，对比呈现了口语面试考生的等级得分与母语者口头表达维度得分之间的不同。通过细化五种语料库提取的语言特征细节，我们可以进一步调查得高分的考生是否使用了与母语者语料库相关的更多特征。

口语面试语料库和母语者访谈节目语料库的情景分析结果显示，两类语料库在主题、参与者的社会角色、关系以及交际目的上存在重要区别。交际目的的差异可能在考生语言是否接近目标领域的程度上发挥了作用。考生交流考试的主要目的是通过回答问题和探讨个人观点来展示语言能力。与考试目的不同，访谈节目进行交流的主要目的是分享信息。叙述和提供建议不是测试任务的主要交流目的，然而，这些目的是面对面交谈（叙述）的核心。这些情境差异也反映在与叙述相关的语言特征的不同使用模式中。

我们将维度一命名为"口头叙述"，五类语料库中均包含此项维度。对维度一中的语言特征使用越多，说明考生口语水平越接近母语者水平。

我们将维度二命名为"互动交流"，五类语料库均属于面对面交流类，因此互动交流特征应该是一个突出特征，根据分析结果，除了中级语料库没有明显的互动交流语言特征外，其他四类语料库均包含互动交流，体现了口语水平的等级差异。

我们将维度三命名为"未来建议"，主要体现在高级水平语料库里，根据口语面试的话题设置，高级阶段的口语面试中必定会出现议论性话题，供考生表达个人观点和立场，提出建议和意见，因此高级阶段话题设置引发未来建议表达维度是必然的。

我们将维度四命名为"一般性叙事"，在中级、中高级、高级水平语料库中均包含此维度。

具体来看，四种水平的考生口试语料库与母语者语料库在 MD 分析的维度种类比较的结果，可以作为 C.TEST 口语面试的效度外推论据。整体来看，考生口试语料库（专业级除外）和母语者语料库在提供建议、一般性陈述两个维度上存在差异。

在口头陈述、互动交流两个维度上，虽然五类语料库都具备这一维度，但是具体分布也有不同。我们发现越是接近母语者口语水平，在表达中越是使用更多的口头叙述特征，并且表达维度的划分种类也相对集中，MD分析结果显示，专业级考生和母语者在口头表达中都只存在两种维度，即口头叙述和互动交流。

第五节　本章小结

本章以及 LaFlair 等（2017）、Brooks 等（2014）的研究结果均表明，测试任务的语言变异是由情境特征（例如交际目的）所驱动的。此外，研究发现语言使用的语境对实际语言生产的重要性，这一点在当前的测试发展框架中已经引起足够的重视（Bachman, 1990; Bachman & Palmer, 1996, 2010），本章也将此思路引入汉语测试研究领域。

本章的实际验证证明，多维分析法作为一种工具能够科学地来统计测试任务的语言特征，而不是只针对个别特征做出调查（Brooks & Swain, 2014; Jamieson & Poonpon, 2013; LaFlair et al., 2015）。

根据效度验证理论，如果分数越高的考生所使用的语言特征及相关指标近似于母语语料库中的语言特征及相关指标，那么语言特征及其指标就可以作为测试有效性的外推证据。因此，本章使用多维分析法对汉语口语面试的考生话语分析结果显示了相对较强的支持或依据，来推断 C.TEST口语面试具有较高的测试有效性，该考试能够有效地评估考生的汉语口语水平。

第七章　汉语口语面试中交际双方过程体验的调查研究

第一节　概　述

近些年来，在交际语言观的影响下，交际语言能力测试理论成为语言测试研发的主导思想，在测试的设计和研发上，研发者力求设置语言交际的语境和情景，做到真实性和互动性的融合。根据这一测量理念，面试型口语考试（简称"口语面试"）采用面对面交流的互动模式，在直接探测考生的口语水平方面具有较高的测试效度，更因其贴近日常交际情境，日益受到测试研发机构和广大考生的重视和推崇。

长期以来，对汉语口语面试的研究主要集中在口试的研发（王佶旻等，2009）、评分的一致性研究、口语测试任务难度研究（聂丹，2012）、面试官的话语分析（陈果，2011；马玉红，2012；王保利，2012；聂丹，2014）以及面试官的引导技术研究（聂丹等，2016）等方面。这些研究从不同角度对汉语口语面试进行了多面的立体的探讨，深化了学界对口语面试的认识和思考。

值得注意的是，在口语面试中，面试官亲身参与到考生的口语表达进程中，与考生一起组成了完整的双向交流的会话活动，这一活动的顺利开展离不开面试官和考生双方的参与、配合与互动。交流的互动效果直接影响考生口头表达的发挥和面试官的评判。从根本上说，这关乎面试双方交际互动的有效性问题，也是口试是否准确地测量到考生口语水平的核心问题。因此，面试官和考生作为交际双方，在口语面试这样一个特殊的场合

· 145 ·

下进行互动交流，双方的过程体验如何，交际双方的体验反馈对进一步改进和提高口语面试有何启示，是目前学界还缺少足够关注的领域。本章认为，在口语面试这种完全的主观性考试中，交际双方的体验反馈分析是非常必要的，这些反馈信息对于改进面试官的面试策略、更好地引导考生发挥正常水平、公正地判定成绩都起到重要的作用，同时能够帮助考生更清楚地了解口语交际中的互动过程，有助于考生口语交际能力的发展。更为重要的是，这些反馈信息也是口试效度论证的一部分，值得关注和开展实证调查研究。

第二节　口语面试中的交际双方

本章所关注的"口语面试中的交际双方"，专指面试过程中面对面交谈的面试官与考生，以北京语言大学研发的实用汉语水平认定考试（简称C.TEST）口语面试为例进行调查。

2.1　交际双方的身份特征

在口语面试中，面试官和考生的身份都具有双重性特征。面试官首先是测试者，所有的测试内容都是通过面试官的话语传递的，面试官通过与考生的互动交流，根据考生产出的话语样本最终对考生的口语水平做出评定。其次，面试官还是一种特殊的交谈者，在双方的交谈过程中，面试官要营造接近真实的交谈情境，并适时地根据考生的表达情况不露声色地自然地转换话题，同时给予考生适当的反馈，鼓励考生充分、持续地表达。

考生在口语面试中同样具有两个身份：一是被试者，考生需要根据面试官引导的话题尽可能展开充分的表达，发挥个人最好水平；二是交谈者，考生可以根据个人的水平采用一些交际策略，配合面试官进行轻松、和谐的会话交流。

总之，在面试交谈中，面试官是谈话的控制者、主动方，负责控制谈话的进程，决定谈话的主题，而考生是受控方、被动方（聂丹，2014），需要在面试官的引导下进行表达。

2.2　交际双方的关注点

面试官和考生在面试中的身份不同，因此交谈双方由身份引发的关注点也不同，而这些因素都是导致交际双方面试体验有所不同的重要部分。

2.2.1　面试官的关注点

面试官作为决定整个口语面试质量的关键人物，在面试中起到举足轻重的作用。由于特殊的身份特点，面试官非常关注个人在面试过程中的表现。国际著名的雅思考试、托福考试都非常重视考官的反馈。雅思口试的研发者会定期对世界范围内的雅思考官进行调查访问。调查发现，考官们普遍在一些问题上表示关心和担忧，如面试话题的得体性、话题难度、提问的灵活度、如何处理事先准备好的回答和考生作答离题现象、评分标准的可操作性等问题（Brown & Taylor，2006）。

鉴于此，本章对 C.TEST 四位面试官进行了结构性访谈，根据面试的特点和实施流程，主要从话题的明确性、考生表达的充分性、探测考生水平的准确性以及面试氛围的舒适性等方面进行了访谈。经过对四位面试官的访谈与交流，我们了解到面试官特别在意自己的如下表现：

（1）是否清楚地表达了口试任务，让考生明确知道需要谈论什么话题；

（2）是否能引导考生尽可能充分地进行表达；

（3）是否通过交流找到了合适的话题，逐步深入推进谈话内容，探测到考生口语水平的"底"和"顶"；

（4）是否为考生营造了接近日常生活的会话情景和感受；

（5）是否掌握了评分标准，对考生做出了准确的评判。

"口语面试不应只追求科学性，还应讲究艺术性。即不仅要测得准，还应让考生享受面试过程，发挥最好水平。"（聂丹等，2016）显然，面试官们深知这一要求，正如接受访谈的面试官所反馈的那样，面试官们最在意的因素不仅集中在科学地评分，而且还关注面试的氛围和交流的顺畅方面，也就是面试的人文艺术方面。

由此可见，面对口语面试这种即时性很强的考试，面试官的问题设置、引导策略以及对评分标准的把握会直接影响考生口语水平的发挥和对考生口语水平的判定，这一切所需要的通盘考虑无形中增加了面试官的压力。

2.2.2　考生的关注点

考生作为被考核的一方，内心也同样存在一些特别在意的环节。本章在面试结束后随机访谈了十名考生，询问他们在参加面试前最为担心的问题是什么。其中绝大多数被访谈考生都很在意交谈话题的难度、自己是否能听懂问题，能否顺利地表达想法，一部分考生提到面试的成绩是否客观、面试过程中的气氛是否令人紧张等细节。经过整理考生们的回答和交谈信息，我们从考生的角度出发，梳理了几点考生特别关注的问题：

（1）面试官问的问题会不会太难，我能不能听懂，能不能充分表达；

（2）在面试过程中，面试官会不会很严厉，我会不会非常紧张；

（3）这个面试能不能考出我的真实口语水平；

（4）面试中我和面试官的交流效果怎么样。

可以看出，从被测者的角度出发，考生更加关心口语面试的难度、有效性、问题的清晰度以及互动交流的感受。考生在这些方面的反馈也能够部分地解答面试官的疑虑，更多地获取来自考生体验方面的信息，从而缓解面试官的压力。由此印证，此类调查具有一定的现实性和必要性。

第三节　面试官过程体验的调查

3.1　面试官过程体验问卷设计

根据面试官访谈所得到的反馈信息，结合 C.TEST 口语面试设置的热身、反复评估、结束的三大交际会话进程，本章设计了面试官过程体验问卷。问卷的具体题目设计遵循会话交际的时间先后顺序，题目之间在逻辑上具有逐步推进的阶梯性特征。该问卷共 15 道题目，由两个部分组成。第一部分是对面试现场总体感受的调查（包括对面试程序各个环节的总体体验，以及对交流过程中具体细节的感受和面试官个人评价），共 11 道题。第二部分是调查面试官对评分标准的把握情况，共 4 道题。要求面试官对每项调查内容做出评价，评价采用 5 级量表 [①]。

3.2　面试官问卷的被试情况

本次参与面试官问卷调查的被试共计 21 人，均为北京语言大学对外汉语教师，其中教龄大于 10 年的面试官 7 人，教龄介于 5~10 年之间的面试官 5 人，教龄少于 5 年的面试官 9 人。这些教师以面试官的身份对 61 名来华留学预科生进行了汉语口语面试。此问卷于面试后发放给面试官，21 名面试官的问卷作答均为有效问卷。

3.3　问卷调查结果

3.3.1　对面试现场总体感受的调查统计

在面试官问卷中，1~11 题是对面试现场总体感受的调查，通过 21 名

---

① 详见附录 2。

面试官的作答，我们可以清晰地了解面试官在面试过程中的个人体验。具体情况见表 7-1：

表 7-1　面试官对面试现场的总体感受

名次	平均得分	调查内容
1	4.2	面试中维系自然友好的交谈氛围（题号 10）
2	3.8	面试开头热身环节，缓解考生紧张情绪（题号 1）
3	3.8	根据考生背景情况，自然引出问题（题号 2）
4	3.4	及时给予积极的回应和反馈（题号 4）
5	3.2	发现自己提问不当时，及时自我修正（题号 8）
6	3	对自己的表现的满意程度（题号 11）
7	2.9	保持话轮，引导考生做更多、更深入的表达（题号 3）
8	2.9	当考生答非所问时，自然结束话轮（题号 5）
9	2.9	针对不同水平的考生，选择不同难度的表达方式（题号 9）
10	2.8	在交谈中将话题由易到难逐步深入（题号 7）
11	2.6	自然地转换话轮，提出更适合考生水平的话题（题号 6）

从上表可以获知，面试官们认为"提出更适合考生水平的话题"、"在交谈中将话题由易到难逐步深入"，以及面试官话语的表达方式问题是面试过程中最难把握的部分，而这些环节正是面试的核心部分，也是面试官需要探测考生水平"顶"的部分。

3.3.2　对评分标准把握情况的调查统计

根据访谈中面试官对评分环节的顾虑，本次问卷也对面试官把握评分标准的情况进行了简要调查，详见表 7-2：

表 7-2　面试官对评分标准把握情况的调查统计

名次	平均得分	调查内容
1	3	面试中始终关注探寻考生口语水平的常态表达（题号 12）
2	3	根据评分标准，能给出一个明确的等级判断（题号 15）
3	2.4	遇到考生表达中的闪光点，会有意识地加分（题号 13）
4	2.1	关注考生表达细节，留意细节错误并扣分（题号 14）

从表 7-2 中对面试官把握评分标准的情况反馈来看，面试官基本都能遵循探测考生口语水平常态[①]的原则，但是在具体的细节方面，仍然存在影响评分的因素，例如过于注重表达细节等方面。作为主观性考试，评分的一致性问题始终存在，面试官对评分标准的把握，需要一定时间的积累和一定量的面试经验才能更好掌握。这一点也对面试官的培训工作提出了更高要求。

第四节　对考生的过程体验的调查

考生在面试中直接面对面试官的引导和提问，因此考生对面试官的提问、态度以及交流方式有着最为直观的感受。我们在面试结束后的第一时间向 61 名考生发放了问卷调查[②]，旨在考生尚处于面试尾声的状态下了解他们对面试官以及整个面试过程的最直观真实的感受。

表 7-3　考生对面试官表现的评价

评价内容	统计结果
面试官的提问是否清楚	59 名考生（约占总数 97%）选择"提问清楚"
与面试官的交流是否愉快	58 名考生（约占总数 95%）选择"交流愉快"

---

① 本文中提到的"口语水平常态"，是指探究考生口语表达的日常状态，也就是从考生产出的话语样本中提取其日常表达的正常状态，而非因考试激发的超水平状态或失常状态。

② 详见附录 3。

表 7-4　考生对面试过程的整体评价

评价内容	统计结果
面试的时间长度是否合适	58 名考生（约占总数 95%）选择"比较合适"
面试的题目难不难	51 名考生（约占总数 86%）选择"不难"或"适中"
面试是否能测出自己的水平	55 名考生（约占总数 90%）选择"是"
是否喜欢这样的口语考试	57 名考生（约占总数 93%）选择"喜欢"

　　从考生的调查问卷统计结果可见，考生对面试中与其直接交流的面试官评价很高，95% 以上的考生均表示"听得懂面试官提出的问题"，并认为"面试的过程很愉快"，这样的体验能够帮助考生打消之前的疑虑和担忧，对口语面试增加好感，93% 的考生都表示"喜欢这种考试"。在这种体验下，考生也更容易放松心情，正常发挥自己的口语表达水平，因此在对面试整体的体验反馈中，90% 的考生认为发挥了自己的真正水平，95% 的考生对面试的时间长度比较满意，大约 86% 的考生认为这项面试难度适中或偏易。从考生的过程体验评价来看，C.TEST 口语面试是一种很受考生欢迎和认可的主观考试，这一调查结果也可部分缓解面试官心中普遍存在的疑虑与担心。

　　关于这次口语面试质量的具体研究，赵琪凤（2016）做了一些调查统计，包括考生对面试的难度评价、效度评价以及口语面试成绩的效标关联效度检验，总体结论为"本次口语面试难度适中，具有较高的效标关联效度，是一次可靠、有效的面试"。在质量保证的前提下，我们在面试官过程体验的问卷中发现的问题都集中在如何更好、更深入地引导考生进行充分表达方面，可见面试官在面试中承担着极其重要的任务和角色，同时面试官对自身的面试工作也具有很高的责任感，并保持着严谨自省的工作态度。的确，在口语面试中，面试官的话语承载着传达考试任务、引发考生表达、组织考试进程等重要使命，影响着口语考试的信度和效度，具有无可替代的重要作用（聂丹，2014）。面试官在面试过程中自认为无法把握的难点恰好就是面试官引导技术的掌握和运用，根据这些难点，我们有必要通过分析现场面试录像，来进一步明确面试官的引导技术，从而提出合理化建议。

第五节　面试官话语及引导技术的案例实证分析

通过对面试官问卷的统计，我们发现，面试官对面试中的三个方面普遍认为较难把握，这三个方面包括：第一，有关话题的选择与转换，即面试官不能确定自己能否自然地转换话题，提出更符合考生水平的话题；第二，有关话题的推进，也就是面试官认为引导考生就话题由易到难进行逐步深入地表达比较难把握；第三，有关面试官话语的准确运用，即面试官感觉在口语面试这种即时测试情境下，对不同水平考生的提问选择不同难度的词汇和句式表达也具有一定的挑战性。这三个方面均发生在口语面试的反复评估环节。反复评估（iterative-process）是面试的核心环节，面试官通过选择不同话题和体裁的任务类型，对考生的口语水平进行反复评估（聂丹等，2016）。

针对这些较为突出的问题，我们通过回顾本次调查的面试录像，结合前人对面试官引导技术以及话语运用的研究，来具体探讨本次面试实践中面试官的表现，从而就引导技术和话语运用给出有针对性的评价和建议。

5.1　引导技术中话题的选择与转换

口语面试中话题的引出，会引发考生的一系列谈话。因此，话题设置的"针对性"和"多样性"就尤为重要。

5.1.1　话题的"针对性"

每位考生的谈话内容都会受到其自身知识积累和对该话题了解程度的制约，因此面试官提出的话题要避免考生因为话题知识的不足而导致的表达欠缺。在话题的选择方面，面试官要注意所提话题的"针对性"，也就是要尽量根据考生的背景信息选择合适的话题进行提问（例1～例3）。

例1：面试官：你刚才介绍说，你干过人力资源的工作（背景信息），那如果你是公司老板，你用人时看重人的哪些方面呢？

考生：……

例2：面试官：你喜欢游泳、打篮球（背景信息），那你喜欢看比赛吗？

考生：……

例3：面试官：你周末常常看电影（背景信息）。你喜欢什么样的电影？

考生：……

以上三例可以看出，面试官的提问都是根据之前考生的介绍或者表达中透露的背景信息，这类话题就比较有针对性，是考生熟悉和有话可说的题目。

此外，当考生的回答中断，不知如何继续表达时，面试官同样可以承接考生前面所述内容，帮助考生转换到他熟悉的话题当中。这样既保持了话题之间的关联性，又能实现话题的自然过渡，避免生硬转换（例4）。

例4：面试官：你好！见到你很高兴！能给我们介绍一下你自己吗？

考生：……（考生在介绍了自己的一些情况后，表现出一些困难，不知如何继续表达或结束话题）

面试官：你爱人工作吗？（根据考生的介绍，给予提示和引导，鼓励考生继续表达）

考生：……（考生得到提示后，表现出一丝放松，根据提示继续介绍了爱人的情况）

5.1.2 话题的"多样性"

话题选择的"多样性",是指整个面试过程中不应只谈论一个话题,而应该至少包含 2～3 个话题,这样可以考察考生对广泛话题的掌控和表达情况,不仅局限于一点(例 5)。

例 5:面试官:日本的交通状况怎么样?(有关交通方面的话题)

考生:……

面试官:你认为骑自行车上班的好处是什么?(交通工具话题)

考生:……

面试官:你怎么上班?(个人出行方式话题)

考生:……

面试官:关于开车对环境的污染,你怎么看?(环境污染话题)

考生:……

面试官:日本政府在环境方面有哪些措施?(环境保护话题)

考生:……

面试官:你对日本的交通满意不满意?(评价交通出行话题)

考生:……

5.2 引导技术中话题的深入推进

根据聂丹(2012)的研究,话题是具有难度层级的。综合来看,那些话题内容属于生活类、需要考生的知识储备量、与考生的学习生活紧密相关的话题,难度相对低一些,考生对于这些熟悉的话题表达起来也比较容易。而那些内容属于专业类的、回答抽象度高的话题,难度也更大,考生回答这类话题的挑战性也就越大。

在体裁的选择方面也同样有助于话题的深入推进。体裁通常分为描述、叙述、说明、议论等类型。聂丹(2012)基于对 C.TEST 口语面试提问的调查，确立了体裁的难度层级关系，其难度层级由易到难依次为：叙述—描述，说明—比较，说明—阐释，议论—评测，议论—论说。根据体裁的难度层级，面试官可以通过变换体裁难度来考查考生的口语水平，达到探"顶"的目的。（例6～例7）

例6：面试官：你打算毕业后做什么工作？（叙述、描述）

考生：……

面试官：怎样做一个好的经理？有哪些优点？（说明、类举）

考生：……

面试官：经理有什么办法让员工好好工作？（说明、阐释）

考生：……

面试官：刚工作时，你会选择去一家小公司，但是工资很高；还是去一家大公司，工资比较低？为什么？（比较、阐释、议论）

考生：……

例7：面试官：保持身体健康，要做哪些事情？（叙述、描述）

考生：……

面试官：你的生活习惯怎么样？（说明、阐释）

考生：……

面试官：关于美和健康，你认为哪个更重要？（比较、阐释、议论）

考生：……

面试官：为什么现在生活越来越好，但是人们的健康越来越差？（议论、评测）

考生：……

面试官：有人说"年轻人拿身体换钱，年老的人拿钱换健康"，你怎么理解这句话？为什么？（议论、评测、论说）

从以上实例可以看出，面试官在与考生的互动交谈中，有意识地将话题内容和体裁由易到难逐步推进，呈现出明显的阶梯性，避免出现体裁的大跨度、大跃进。

　　除此之外，面试官的提问同样起到把话题引向深入的作用。当考生就某一话题进行表达但回答并不充分时，面试官不要轻易放过，而应充分挖掘问题，采用开放度高的提问继续追问，或者通过辨析的角度进行提问引导考生发表看法，使得考生对话题的表达更加深入。

　　聂丹等（2016）提出建议，对初级考生可多使用封闭度高的提问，否则考生把握不住问题指向；对中高级考生则应增加开放式提问，以刺激考生大量输出话语。目前中高级考试中的封闭式提问过多，面试官频繁发问，考生输出的话语量却比较少，提问效率不高。

　　在实际面试中，例（7）中的面试官虽然不断地将话题引向深入，但是实际的提问效率并不高，问题在于面试官并没有对每个问题进行充分挖掘，多是点到为止，导致考生的表达量并不充足。

　　实际上，考生的话语对考官提问方式的选择是有影响的。当考生无法回答或回答不相关时，考官一般采取各种策略降低提问的开放程度，帮助考生理解话题要求；当考生的回答相关但不充分时，考官一般采用开放度较大的提问类型进行追问，以维持当前话题的讨论或进行深入探讨；当考生的回答相关且充分时，考官一般采用具有追问和铺垫作用的辅助式提问或核心式提问过渡到下一话题的讨论中；考生的回答信息量过度时，考官或者进行追问或者结束当前话题（马玉红，2012）。

5.3　面试官话语的运用

　　针对面试官在问卷中提出的对面试官话语的使用疑虑，聂丹（2014）对面试官话语的特征进行了系统的阐述，针对本章的面试官的困惑，我们认为有必要强调的是，面试官话语的运用要注意即时性、针对性、简洁性和口语化。在口语面试中，面试官与考生进行的是即时性的会话，需要面试官具备随机应变的能力。同时，在面试当中，面试官要根据考生口语水平的高低进行表达，对于低水平考生，面试官应使用简单词语和句子，根据考生对话题听懂的程度，适当放慢语速。而对于高水平考生，则使用接近母语者的表达语速和句式探讨问题。此外，在有限的口语面试时间内，面试官的话语要尽量简洁，尽量使用简短的表达引导考生的充分交谈，并在口语化的表达中营造自然、放松的交流氛围和情境，鼓励考生充分发挥汉语交际能力。（例8~例9）

例8：面试官：汉语容易学吗？

考生：……（表示没有听懂，不会回答）

面试官：汉语难不难？（马上修改提问方式，提问句式改为正反问）

考生：难。

面试官：听难，还是说难？（利用选择问，启发考生进一步表达）

考生：……

例8比较直观地呈现出面试官在话语运用方面的技巧与策略。当面试官发现考生听不懂"容易"这个词时，在重新提问时换做"难"来发问。根据考生的反应，该考生虽然听懂了"难"，但是不知从学习汉语的哪个方面来表述，于是面试官进而利用选择问句，通过设置的问题来帮助考生具体地谈论学习汉语的感受，可以说面试官的提问对考生的回答具有间接的提示和启发作用。

例9：面试官：电影对人的生活有什么影响？

考生：影响？影响？……（考生挠头，表示不知道"影响"是什么意思，也不知道如何表达自己的想法）

面试官：电影对人的生活有什么好的地方？不好的地方？（面试官看出了考生的困惑，换了一种说法，用"好的地方，不好的地方"代替"影响"）

考生：……

例9同样表明，当面试官发现考生就一个话题出现回答困难时，先尝试降低提问的开放度再次提问，将一般疑问句降低为选择疑问句，将"影响"替换为"好的地方，不好的地方"进行提问，一方面间接解释了"影响"的意思，同时帮助考生获得更多的话题信息，启发考生做出回答。

可见，在面试互动过程中，面试官的话语和引导技术对于考生口语样本的输出起到重要的挖掘和推进作用，是口语面试是否有效的关键所在。

有关面试官话语的使用，尤其是面试官提问话语方面的使用情况，王保利（2012）的研究发现，询问型的引发语最有利于引导考生进行口语输出。马玉红（2012）指出在面试型口语考试中，考官多使用是非式提问和特殊式提问。由此可见，面试官话语的专题研究很有必要，研究结果对面试官培训具有很直观的示范作用，同时也有利于启发面试官考后的自我反思和改进。

5.4　对面试官的建议

通过上文的介绍，我们可以明确，C.TEST 口语面试的设计和实施过程是在模拟日常对话。在口语交际过程中，面试官和考生的交际互动大致按照以下顺序进行：问好，询问，陈述或请求，祝愿，告别。这基本符合我们日常生活中会话的进行程序，有利于考生在轻松自然的气氛中充分发挥汉语口语水平。

结合本章的调查和实例研究，我们对面试官提出以下四点建议：

第一，话题是口语面试中互动双方交际过程的重要桥梁，面试官通过设置话题来传达考试任务，引发考生表达。因此话题选择的多样性和针对性至关重要。话题内容和范围并非面试官临场发挥，而是需要面试官及命题人员的日常积累。适合口语面试的话题应该是普适性的，是日常生活、学习和工作中最常见的内容，同时此类话题还应具有延展性，由此话题扩展后的交谈内容还有进一步的广度和深度可以挖掘，这样话题在具体使用中才会更有效地发挥刺激作用，因此，面试官对话题的日常积累工作必不可少。

第二，在话题深入推进方面，由于很多考生只对话题做出简短回答，导致面试官不知如何开展下一步的引导工作。根据本章及前人调查，当考生作出较短回答时，面试官可以先采用反馈的方式促进其进一步表达。尤其是针对口语水平较低的考生给出的简短回答，面试官最好不立刻追问下一个话题或者内容，而是用反馈的方式回应考生的表达，表示对考生进一步表达的鼓励和期待。这种动态的鼓励式互动，有助于引导考生输出更多的话语样本。

第三，考生的话语对面试官话语的选择是有影响的。面试官从面试最初的热身阶段，就需要对考生口语水平做出预判，在接下来的反复评估中根据考生的水平随机应变，使用具有针对性的话语进行引导和交流，并根据考生的作答反应及口语水平随时调整话语特点和难度，充分发挥口语面试互动中的"量体裁衣"优势。

第四，面试官应尽量采用比较友好和自然的方式完成口语面试的整个过程，善用"我们""大家"等人称代词，包括见面的问候和结束的告别环节，这些环节虽然不是探测考生口语水平的主要阵地，但是这样能够更好地营造轻松自然的会话氛围，对于考生口语表达的正常发挥至关重要，同时也是保证考试可靠有效的重要环节。

第六节　本章小结

本章关注于口语面试中的交际双方——面试官和考生的过程体验，通过访谈详细了解到交际双方的关注点，并据此分别对面试官和考生进行了问卷调查。访谈和反馈信息帮助交际双方更充分地了解彼此，其中来自面试官和考生的积极性体验反馈可部分打消对方的担忧与顾虑，从而更有针对性地参与到口语面试进程中。在此基础上，针对面试官反馈的疑难问题，本章结合面试录像，通过实例分析切实地为面试官的面试技巧提供生动示例和改进建议。

附录1：42 项语言特征

序号	语言特征	例子
1	形容词	
2	连词	和，同，跟，与，而，并，及，以及，连同
3	范围副词	都，全，一律，统统
4	程度副词	很，挺，最，太，特别，非常，十分，更加，比较，越发，格外，最，极
5	时间副词	已经，正在，立刻，马上，曾经，刚刚，将要，常常，才，永远，仍然，一直，终于
6	语气副词	也许，大概，或许，难道，毕竟，到底，简直，大约，几乎，果然，幸亏
7	否定副词	不，没，别
8	方位词	上，下，前，后，左，右，里，外，中，内，东，西，南，北
9	语块使用	我觉得……，……的时候，……的话，比如说，怎么说，有的时候，怎么说，谢谢，对我来说，不太，对
10	数词	一，二，三，四，……第一，第二，第三，第四……
11	名词	
12	介词	在，从，到，向，当，往，给，为，叫，用，通过，比，除了，和，与，连，经过，关于，对于
13	量词	个，本，次，遍，顿，匹，条……
14	疑问代词	谁，什么，哪
15	指示代词	这，那
16	处所词	附近，对面，角落，四周，当地，中央，背后，隔壁
17	的	的

续表

序号	语言特征	例子
18	地	地
19	得	得
20	着	着
21	了	了
22	过	过
23	第一人称代词	我，我们，咱，咱们，自己
24	第二人称代词	你，你们，您
25	第三人称代词	他，他们，别人，人家，大家
26	趋向动词	进行、给予、加以、予以
27	系动词"是"	是，姓，叫，等于
28	表意欲的能愿动词	想，想要，要，打算，准备
29	表意愿的能愿动词	愿意，愿，高兴，情愿，爱，肯
30	表可能的能愿动词	能，能够，会，容易，爱，可以，可能，敢，敢于
31	表必要的能愿动词	应该，应当，应，用得着，要，需要
32	表许可的能愿动词	可，可以，能
33	"把"字句	把
34	"被"字句	被
35	选择复句	是……，还是……；不是……，就是……；要么……，要么……
36	因果复句	因为……，所以……；由于……；之所以……
37	转折复句	虽然……，但是……；尽管……，还是……
38	假设复句	如果……，就……；假如……；要是……
39	条件复句	只有……，才……；只要……，就……；除非……，才……
40	非流利填充语	嗯，啊，呃，那个，然后
41	类型比率	
42	平均词长	

附录2：针对面试官的调查问卷

各位面试官：

您好！我们想要了解您作为一名C.TEST面试官，在面试过程中的感受和体会，这些反馈信息对于我们今后的培训和工作的改进非常重要。

请您抽空填写下面的问卷调查，以下问题均为单项选择题：（请在所选项目后加"*"号）

一、面试现场的总体感受

1. 在面试的开头部分，热身环节中，营造接近真实的会话环境，缓解考生的紧张情绪。

A 很难

B 难

C 适中

D 容易

E 很容易

2. 根据考生的自我介绍和背景信息，自然地引出问题。

A 很难

B 难

C 适中

D 容易

E 很容易

3. 保持话轮，引导考生就该话题进行更多、更深入的表达。

A 很难

B 难

C 适中

D 容易

E 很容易

4. 及时地接过对方的话轮，给予积极的回应和反馈。

A 很难

B 难

C 适中

D 容易

E 很容易

5. 当考生答非所问时，自然地结束对方的话轮。

A 很难

B 难

C 适中

D 容易

E 很容易

6. 不露声色地转换话轮，提出更适合考生水平的话题。

A 很难

B 难

C 适中

D 容易

E 很容易

7. 在交谈中将话题由易到难逐步深入。

A 很难

B 难

C 适中

D 容易

E 很容易

8. 发现自己提问不当或者出现口误时，及时地进行自我修正。

A 很难

B 难

C 适中

D 容易

E 很容易

9. 面对不同水平、不同背景的考生，选择不同难度的词语和表达
方式。

A 很难

B 难

C 适中

D 容易

E 很容易

10. 在整个面试过程中，维系自然、友好的交谈氛围。

A 很难

B 难

C 适中

D 容易

E 很容易

11. 对于自己在面试过程中的表现的满意程度。

A 很不满意

B 不满意

C 不确定

D 满意

E 非常满意

二、对整体性评分标准的把握情况

12. 在面试过程中，始终关注于探寻考生口语水平的常态表达。

A 很难

B 难

C 适中

D 容易

E 很容易

13. 遇到考生表达中的闪光点，例如观点新颖、流行词汇的使用等，会有意识地给考生加分。

A 不会

B 偶尔

C 不确定

D 经常

E 总是这样

14. 关注考生的表达细节，留意细节错误并扣分，例如某一词语的发音错误、语法上的错误使用等。

A 不会

B 偶尔

C 不确定

D 经常

E 总是这样

15．根据评分标准，能在面试结束后给出一个明确的等级判断。

A 很难

B 难

C 适中

D 容易

E 很容易

谢谢您的支持和参与！

附录 3: 针对考生的调查问卷

调 查 问 卷

你好，感谢你参加 C.TEST 口语考试！下面请你根据参加考试的情况回答以下问题，请在符合你的情况的数字上画"o"，谢谢合作！

姓名：_____   性别：男 / 女

1. 你觉得考试的环境怎样？

不满意 —→ 满意

1 2 3 4 5

2. 你喜欢这样的口语考试吗？

不喜欢 —→ 喜欢

1 2 3 4 5

3. 你觉得这个考试能够考出你的实际水平吗？

不能够 —→ 能够

1 2 3 4 5

4. 在和考官进行交流时，你觉得愉快吗？

不愉快 —→ 愉快

1 2 3 4 5

5. 考试过程中，考官的提问清楚吗？

不清楚 —→ 清楚

1 2 3 4 5

6. 你觉得考试的题目难吗?　　　　　　　　　不难　——→　难

　　　　　　　　　　　　　　　　　　　　　　1　2　3　4　5

7. 你觉得考官的态度怎样?　　　　　　　　　不好　——→　好

　　　　　　　　　　　　　　　　　　　　　　1　2　3　4　5

8. 你觉得在考试中发挥了自己的水平了吗?　　没有发挥 ——→ 发挥了

　　　　　　　　　　　　　　　　　　　　　　1　2　3　4　5

9. 你觉得考试的时间合适吗?　　　　　　　　不合适 ——→ 合适

　　　　　　　　　　　　　　　　　　　　　　1　2　3　4　5

10. 你会把这个考试介绍给朋友吗?　　　　　　不会　——→　会

　　　　　　　　　　　　　　　　　　　　　　0　　　　　　1

谢谢您的参与!

结　语

　　口语测试语料是对考生在测试环境中真实口语表现水平的完整"记录"，通过语料挖掘建立的语料库，最大的优势就在于能够提供大量可靠的数据帮助研究者进行相关的研究，避免由于证据不足或者代表性不理想而影响结论的可靠性。因此口语语料库在第二语言口语能力发展研究、口语习得研究及测试研究中具有重要的价值。口语的使用广度虽远远高于书面语，但是口语语料库的建立过程却非常复杂，导致口语语料库建设相对匮乏，因此学界关于汉语学习者口语能力探究、口语习得过程分析的实践和研究都有待开发和深入。近年来，建设汉语口语语料库就成为相关学者研究中亟需解决的问题。

　　本书对 HSK［高等］积累的数千人次的考生口语数据，以及 C.TEST 口语面试 10 多年来保留的部分面试录像实考数据进行整理和挖掘，为汉语作为第二语言的口语研究奠定了宝贵的数据资料和证据基础。由于该研究课题具有很强的跨学科性，在理论基础和研究方法上具有多元化特征，研究者需要聚焦于具体问题，结合语料分析进行深入探索。在这一思路的统领下，本书以两种测试形式下转写和挖掘后的汉语口语测试语料为研究对象，综合了语言测试、第二语言习得、话语分析、现代汉语研究等多学科的相关理论和方法，对汉语口语测试环境下，考生口语表达中的语块使用、非流利填充语的使用、流利度情况等进行了探索性研究和相关的对比研究，在此基础上采用多维分析法对汉语口语面试的有效性进行了验证，并调查了面试双方的过程体验，尝试从多角度对汉语口语测试语料进行挖掘分析和应用研究。

　　限于能力、时间和材料的不足，本书所做的系列研究还只是一个初探。

基于汉语口语测试语料挖掘和整理的研究，是一个开放且丰富的框架体系，需要在长期的实践和思考中不断扩展研究范围、深化研究内容、完善研究体系。经过本书的写作和打磨，我们希望在已有的语料挖掘基础上，继续开展长期系统、深入细致的研究，争取尽快形成一系列相对全面、细致、深入的基于汉语口语语料挖掘的多视角应用研究成果，用以指导和规范汉语作为第二语言的口语测试、习得研究，以及口语教学和学习实践。

参考文献

曹逢甫, 1979. 主题在国语中的功能研究, 迈向言谈分析的第一步 [M]. 台湾: 台湾学生书局.

岑海兵, 2016. 任务复杂度和工作记忆对中国英语学习者口语产出的影响研究 [D]. 华东师范大学博士学位论文.

柴俊锋, 2010. 基于语料库的中国英语学习者口语语块应用分析 [D]. 宁波大学硕士学位论文.

常玉钟, 1989. 口语习用语略析 [J]. 语言教学与研究 (2).

陈果, 2011. 基于 C.TEST 面试型口语考试的考官馈语研究 [D]. 北京语言大学硕士学位论文.

陈红, 2009. 汉语语块研究 [J]. 社会科学家 (6).

陈建民, 1983. 汉语口语 [M]. 北京: 北京出版社.

陈默, 2015. 汉语作为第二语言自然口语产出的复杂度、准确度和流利度研究 [J]. 语言教学与研究 (3).

陈默、李侑璟, 2016. 韩语母语者汉语口语复杂度研究 [J]. 语言文字应用 (4).

陈默, 2012. 美国留学生汉语口语产出的流利性研究 [J]. 语言教学与研究 (2).

陈艳、赵倩倩, 2010. 语块习得与口语交际能力的相关性研究 [J]. 山东外语教学 (2).

储泽祥, 2006. 小句是汉语语法基本的动态单位 [M]. 长春: 东北师范大学出版社.

丛珊珊, 2010. 汉语语块及其在留学生第二语言习得中的应用 [D]. 东北师范大学硕士学位论文.

戴朝晖, 2011. 中国大学生汉英口译非流利现象研究 [J]. 上海翻译 (1).

单贞，2013. 初级阶段留学生口语及写作中的省略偏误分析 [D]. 西北师范大学硕士学位论文.

丁洁，2006. 汉语口语习用语语块的特性及其重要意义 [J]. 湖北社会科学 (7).

丁安琪、肖潇，2016. 意大利学习者初级汉语口语词汇能力发展研究 [J]. 世界汉语教学 (2).

丁洁，2006. 留学生汉语口语习用语块习得研究 [D]. 暨南大学硕士学位论文.

丁言仁、戚焱，2005. 词块运用与英语口语和写作水平的相关性研究 [J]. 解放军外国语学院学报 (3).

董捷，2011. 中级阶段汉语口语流利度调查与分析 [D]. 复旦大学硕士学位论文.

邓莉，2014. 基于语料库的旅游汉语话题库及话题词表构建 [D]. 暨南大学硕士学位论文.

段寒梦，2020. 基于多模态语料库的口语互动分级研究——以小学一、二年级学生为例 [D]. 华侨大学硕士毕业论文.

段士平，2008. 国内二语语块教学研究述评 [J]. 中国外语 (4).

段宇翔，2018. 高级汉语学习者的书面语词汇复杂性研究 [D]. 华中师范大学硕士学位论文.

房艳霞，2018. 提高语块意识的教学对汉语第二语言学习者口语产出的影响 [J]. 世界汉语教学 (1).

高珊，2017. 母语者和第二语言学习者汉语阅读中语块加工优势的眼动研究 [J]. 世界汉语教学 (4).

高莹、樊宇、王亚非，2014. 口语非流利性现象与内在的语言发展之间的相关研究 [J]. 外语与外语教学 (4).

郭进，2013. 叙事任务的内在结构及互动模式对 L2 口语产出准确度和复杂度的影响 [D]. 南京师范大学硕士学位论文.

郭修敏，2005. 汉语作为第二语言的口语流利性的量化测评 [D]. 北京语言大学硕士学位论文.

国家汉语水平考试委员会办公室考试中心，2001.《汉语水平词汇与汉字等

级大纲 (修订本)》，北京：经济科学出版社 .

韩笑，2016. 汉语第二语言学习者口语句法复杂度的动态发展研究 [C]. 第六届东亚汉语教学研究生论坛暨第九届北京地区对外汉语教学研究生学术论坛论文集 .

韩笑、冯丽萍，2017. 汉语口语句法复杂度发展测评中基准型指标的应用方法研究 [J]. 世界汉语教学 (4).

韩亚文，2015. 工作记忆容量对中国英语学习者口语准确度、复杂度和流利度的影响 [J]. 外语教学 (5).

韩亚文、崔雅琼、汤一梅，2017. 工作记忆容量和任务频次对中国英语学习者口语产出的影响 [J]. 外语与外语教学 (2).

韩亚文、刘思，2019. 任务复杂度和工作记忆容量对中国英语学习者书面语产出的影响，《山东外语教学》第 02 期 .

何所思，2011. 汉语作为第二语言 / 外语教学中的语块教学 [D]. 华东师范大学硕士学位论文 .

何颖，2017. 基于语料库的大学生英语口语非流利填充语研究 [J]. 现代交际 (5).

洪秀凤，2015. 留学生汉语口语产出非流利填充语研究 [D]. 安徽大学硕士学位论文 .

胡倩，张巨文，2019. 汉语口语中指示代词 "那个" 模糊用法的认知语用解读 [J]. 齐齐哈尔大学学报 (哲学社会科学版)(8).

胡凡霞，王雪莹，2011.HSK 动态口语语料库的语料转写研究 [C]. 第七届全国语言文字应用学术研讨会论文集 .

黄伯荣、廖序东，2017. 现代汉语 (增订六版) [M]. 北京：高等教育出版社 .

黄恋尧，2017. 不同任务条件下高中生语块使用的研究——基于口语和写作的探讨 [D]. 重庆师范大学硕士学位论文 .

黄明洁，2017. 输出驱动假设对高职学生英语口语能力的影响实证研究 [D]. 湖南师范大学硕士学位论文 .

黄琪，2008. 英语专业学生口笔语的语法隐喻视角研究 [J]. 安阳工学院学报 (5).

黄伟，2011. 面试型汉语口语考试的远程模式研究初探 [J]. 中国考试 (7).

黄宇晴，2019. 语块和雅思口语流利度的相关性研究 [D]. 武汉理工大学硕士学位论文.

姬祥，2018. 不同母语背景汉语学习者书面语语块使用情况研究 [D]. 北京外国语大学硕士学位论文.

贾光茂、杜英，2008. 汉语"语块"的结构与功能研究 [J]. 暨南大学华文学院学报 (2).

简象，2014. 有提示和时间的任务前构想对留学生口语输出复杂度、准确度和流利度的影响 [J]. 国际汉语教育 (2).

江新、李璧聪，2017. 不同语言水平和母语背景的汉语二语者语块使用研究 [J]. 解放军外国语学院学报 (6).

江秀琦，2018. 韩国中级水平留学生汉语口语复杂度研究 [D]. 暨南大学硕士学位论文.

焦扬，2017. 语块与大学生英语口语流利性的相关性研究 [J]. 海外英语 (20).

焦扬，2018. 二语语块与口语流利性相关性研究的国内外研究现状 [J]. 疯狂英语》(理论版)(1).

金霞，2012. 工作记忆容量限制对二语学习者口语产出的影响，《外语教学与研究》第 04 期.

金潇，2017. 任务复杂度对二语口语和写作产出的影响 [D]. 广东外语外贸大学硕士学位论文.

亢叶琼，2018. 基于语料库的中美大学生英语演讲中语块使用特征的对比研究 [D]. 兰州理工大学硕士学位论文.

孔令跃，2018. 对外汉语教学语块研究述评 [J]. 华文教学与研究 (69).

孔令跃、史静儿，2013. 高级汉语学习者汉语口语语块提取运用研究 [J]. 云南师范大学学报》(对外汉语教学与研究版)(11).

孔文、方洁，2019. 第二语言口语流利性的研究现状与展望 [J]. 中国考试 (8).

李玲，2011. 英汉语块对比研究 [J]. 山东农业大学学报 (社会科学版)(13).

李玲，2015. 基于语块理论的对外汉语教学 [J]. 赤子 (3).

李茶、隋铭才，2017. 基于复杂理论的英语学习者口语复杂度、准确度、

流利度发展研究 [J]. 外语教学与研究 (3).

李丹丹，2017. 语块理论在汉语初级口语教学中的应用研究 [D]. 渤海大学硕士学位.

李红印，2005.《汉语水平词汇与汉字等级大纲》收"语"分析 [J]. 语言文字应用 (4).

李慧，2013. 基于关联类型的汉语语块分类体系探讨 [J]. 西华师范大学学报.

李靖华，2019. 美国华裔、非华裔学习者汉语口语表达对比研究 [J]. 华文教学与研究 (3).

李美霞，2007. 话语类型研究 [M]. 北京：科学出版社.

李茜，2015. 任务类型及任务频次对英语学习者口语产出的影响——以任务后语言形式聚焦为情境 [J]. 外语与外语教学 (6).

李涛，李洪峰，2006. PETS 口试中的话轮分析 [J]. 语文学刊（外文版）.

李咸菊，2008. 北京口语常用话语标记研究 [D]. 北京语言大学硕士学位论文.

李瑶，2018. 韩国汉语学习者书面语复杂度和准确度发展研究 [D]. 暨南大学硕士学位论文.

李贻，2015. CEFR"能做"体系与应用型英语专业口语教学接轨的可行性研究 [J]. 湖北文理学院学报 (9).

李银美，2002. 对比视角下汉语口语语料库的建立及应用：以主题结构研究为例 [J]. 北方工业大学学报 (6).

李志花，2019. 任务复杂度和工作记忆对中国大学生英语学习者书面语产出的影响 [D]. 广东外语外贸大学硕士学位论文.

梁晓艺，2018. 基于二语教学的西班牙初级汉语学习者口语产出词汇研究 [D]. 北京外国语大学硕士学位论文.

廖建霞，2016. 英语口头输出与书面输出的差异性对比分析———一项基于构建语言模因语料库的研究 [J]. 河北工程大学学报 (社会科学版)(4).

凌闪闪，2010. 中国英语专业学生口笔语中语用标记的使用情况研究 [J]. 宜春学院学报 (6).

刘春艳，2017.汉语学习者任务型口语产出中复杂性、准确性及流利性与交际充分性的关系研究 [D].北京语言大学硕士学位论文.

刘华，2020.全球华语语料库建设及功能研究 [J].江汉学术 (1).

刘虹，2004.会话结构分析 [M].北京：北京大学出版社.

刘丽娜，2019.基于语块运用的高中英语写作教学与实施研究 [J].校园英语 (50).

刘琳，2012.任务的交互特点对口语复杂度的影响 [D].复旦大学硕士学位论文.

刘庆思，2018.效度验证：教育考试亟需补齐的短板 [J].中国考试 (4).

刘思，2016.工作记忆容量和准备时间对中国英语学习者书面语产出的影响 [J].海外英语 (13).

刘思欢，2016.中高级汉语学习者独白体非流利产出考察 [D].北京语言大学硕士学位论文.

刘旭亮，2011.对大学生英语口语和书面语中情态手段运用的调查分析 [J].高等函授学报 (哲学社会科学版)(7).

刘英林，1996.汉语水平等级标准与语法等级大纲 [M].北京：高等教育出版社.

刘瑜，2017.任务类型对汉语二语口语产出中词汇复杂度的影响 [J].世界汉语教学 (2).

刘瑜,吴辛夷，2016.汉语二语学习者口语产出的流利度研究 [J].华文教学与研究 (4).

刘运同，2004.词汇短语的范围和分类 [J].湖北社会科学 (4).

刘运同，2005.词汇短语的特性及其重要意义 [J].贵州大学学报 (社会科学版)(1).

刘运同，2007.会话分析概要 [M].上海：学林出版社.

刘运同，2013.汉语口语中介语建设刍议 [C].载崔希亮，张宝林 (主编)，第二届汉语中介语语料库建设与应用国际学术讨论会论文选集.北京：北京语言大学出版社.

刘运同，2020. 汉语口语中介语语料库建设中的两个关键问题 [J]. 华文教育与研究 (1).

卢加伟，2014. 中国英语学习者二语会话中语用非流利的实证研究 [D]. 南京：南京大学硕士学位论文.

卢加伟、张晓莉，2018. 第二语言口语非流利产出的影响因素研究 [J]. 疯狂英语（理论版）(2).

鲁川、缑瑞隆、刘钦荣，2002. 汉语句子语块序列的认知研究和交际研究 [J]. 汉语学习 (2).

陆俭明，2011. 再论构式语块分析法 [J]. 语言研究 (2).

陆筱俊，2016. 韩国汉语学习者书面语产出发展研究 [D]. 北京外国语大学硕士学位论文.

吕荣兰，2011. 基于语料库的对外汉语口语话题及话题词表构建 [D]. 暨南大学硕士学位论文.

吕叔湘，1979. 汉语语法分析问题 [M]. 北京：商务印书馆.

马冬梅、刘健刚，2013. 英语专业研究生口语非流利重复特征研究 [J]. 现代外语 (4).

马冬梅，2012. 口语非流利产出分类体系研究 [J]. 外语与外语教学 (4).

马广惠，2011. 词块的界定、分类与识别 [J]. 解放军外国语学院学报 (1).

马庆，2020. 韩国学生汉语口语准确度和复杂度研究 [D]. 北京语言大学硕士学位论文.

马诗雯，2019. 非目的语环境下中高级汉语学习者口语能力发展研究 [D]. 华东师范大学硕士学位论文.

马晓伟，2010. 语块理论与对外汉语教学 [D]. 辽宁师范大学硕士学位论文.

马玉红，2012. 面试型口语考试考官提问话语研究 [D]. 北京语言大学硕士学位论文.

毛澄怡，2008. 语块及其在英语学习者会话中的使用特征 [J]. 解放军外国语学院学报 (2).

孟令丽，2015. 面向对外汉语教学的语块教学研究 [D]. 黑龙江大学硕士学位论文.

缪海燕，2009. 第二语言口语非流利产出的停顿研究 [J]. 解放军外国语学院
　　报 (4).

聂丹，2012. 汉语口语测试任务难度影响因素探究 [M]. 北京：北京语言大
　　学出版社.

聂丹，2014. 面试官话语评价标准研究刍议 [J]. 中国考试 (12).

聂丹，2011. 面试型汉语口语测试的可理解性输入探析 [J]. 汉语学习 (2).

聂丹，2020. 汉语口语考试面试官话语研究及引导技术 [M]. 北京语言大学
　　出版社.

聂丹、马玉红、陈果，2016. 试论二语口语面试中考官的引导技术 [J]. 中国
　　考试 (9).

彭婷，2018. 巴基斯坦留学生框架语块的习得研究 [D]. 湖南师范大学硕士
　　学位论文.

戚焱、丁言仁，2011. 中美大学生口语中词块使用特点对比分析 [J]. 外语界.

戚焱、夏珺，2016. 背诵词块对英语写作和口语水平的影响 [J]. 解放军外国
　　语学院学报 (1).

亓文香，2008. 语块理论在对外汉语教学中的应用 [J]. 语言教学与研究 (4).

钱丽，2017. 英语专业大学生四年期间口语复杂度研究 [D]. 华东师范大学
　　硕士学位论文.

钱旭菁，2008. 汉语语块研究初探 [J]. 北京大学学报 (哲学社会科学版)(5).

任晶晶，2017. 语块教学法在对外汉语听说课堂的运用 [D]. 上海师范大学
　　硕士学位.

施静静，2013. 中级阶段外国学生汉语口语的非流利现象研究 [D]. 南京师
　　范大学硕士学位论文.

石金媛，2019. 汉语母语者与来华留学生对话中的交际调节研究 [D]. 东北
　　师范大学博士学位论文.

宋金元，2007. 会话结构研究及其对口语教学的启示 [D]. 浙江大学硕士学
　　位论文.

宋晓，2008. 对外汉语教学中的会话结构意识研究 [D]. 山东大学硕士学位论文.

孙德金，2005. 汉语语法教程 [M]. 北京：北京语言大学出版社.

孙晶，2016. 复杂动态系统理论视阈下的英语口语能力发展个案研究 [D]. 闽南师范大学硕士学位论文.

孙瑞宁，2016. 不同母语背景英语学习者英语书面语复杂度分析研究 [D]. 北京外国语大学硕士学位论文.

孙霄，2011. 语块理论在对外汉语口语教学中的价值和作用 [D]. 复旦大学硕士学位论文.

孙月，2017. 英语专业本科生四年期间书面语复杂度研究 [D]. 华东师范大学硕士学位论文.

田建林，夏中华，2017. 语块教学及其在对外汉语教学中运用问题的探讨 [J]. 渤海大学学报 (哲学社会科学版)(6).

田靓，2011. 复述练习频率对初级水平留学生口语表达流利度及正确率的影响之个案研究 [J]. 华文教学与研究 (2).

万宝蕾，2019. 留学生中级口语能力培养研究 [D]. 江西师范大学硕士学位论文.

王保利，2012. C.TEST 口语考试的对答结构研究 [D]. 北京语言大学硕士学位论文.

王贝贝，2018. 汉语框架式语块在对外汉语口语教学中的应用研究 [D]. 大连外国语大学硕士学位论文.

王冰蕾，2014. "汉语桥"选手语言表现研究 [D]. 南京大学硕士学位论文.

王畅，2015. 对外汉语教学中语块考察及教学建议——以《汉语教程》为例 [D]. 河北师范大学硕士学位论文.

王晨，2017. 英语口语和书面语在介入手段中的并协互补及其教学启示——一项基于英语试卷的小型语料库研究 [J]. 英语广场 (2).

王芳、吴芙芸，2016. 汉语非典型后置关系从句的分布态势——基于真实口语语料库的考察 [J]. 语言科学 (6).

王凤兰，2018. 高级水平外国留学生汉语口语中的互动话语语块研究 [J]. 语言与翻译 (2).

王凤兰、于屏方、许琨，2017. 基于语料库的汉语语块分类研究 [J]. 语言与翻译 (3).

王慧，2007. 二语习得中的汉语语块研究 [D]. 暨南大学硕士学位论文 .

王佶旻、赵琪凤、韩阳，2009. C.TEST 面试型口语考试研究——实用汉语水平认定考试，C.TEST. 口语考试的设计 [C]. 不同环境下的汉语教学探索——第五届对外汉语国际学术研讨会论文集 . 北京：外语教学与研究出版社 .

王佶旻，2013. 汉语能力标准的描述语任务难度研究——以中级口语能力量表为例 [J]. 世界汉语教学 (3).

王佶旻，2011. 语言测试概论 [M]. 北京：北京语言大学出版社 .

王静，2019. 注意力资源分配视角下任务特征对口语输出影响的实证研究 [J]. 海外英语 (22).

王立非、张岩，2006. 基于语料库的大学生英语议论文中的语块使用模式研究 [J]. 外语电化教学 (110).

王松岩、杜芳，2012. 汉语语块类型及在对外汉语口语教学中的应用 [J]. 现代语文 (语言研究版)(10).

王文龙，2013. 对外汉语初级阶段语块构建研究 [D]. 北京大学博士学位论文 .

王希竹、彭爽，2017. 汉语二语学习者口语非流利产出分类体系探析 [J]. 延边大学学报 (社会科学版) (5).

王雪男，2017. 中高级阶段美国留学生汉语语块偏误研究 [D]. 东北师范大学硕士学位论文 .

王亚娟，2016. 基于语料库和教材分析的对外汉语语块教学研究 [D]. 西安外国语大学硕士学位论文 .

王亚琼，2015. 汉语作为第二语言的句法复杂度测算方法研究 [D]. 北京师范大学博士学位论文 .

王亚琼、冯丽萍，2017. 第二语言习得研究中语料的基本单位及其在汉语中的切分方法——以 T 单位为例 [J]. 云南师范大学学报 (对外汉语教学与研究版)(5).

王颖频，2013. 基于语料的中国德语学习者口语非流利产出研究——特点、原因和对策 [J]. 德语人文研究 (1).

王宇、樊宇，2011. 理工科学生书面语词汇复杂度发展研究 [J]. 郑州航空工业管理学院学报 (社会科学版)(6).

王玉敏，2018. 汉语短期强化项目中口语和书面语输出复杂度发展不均衡现象的研究 [D]. 上海交通大学硕士学位论文 .

卫乃兴，2004. 中国学习者英语口语语料库初始研究 [J]. 现代外语 (2).

卫乃兴、李文中、濮建忠，2007. COLSEC 语料库的设计原则与标注方法 [J]. 当代语言学 (3).

卫志强、蔡彦，2018. ESP 书面语文本的句法复杂度——运用 L2SCA 句法分析工具所做的量化研究 [J]. 武夷学院学报 (10).

文秋芳，2006. 英语专业学生使用口语 – 笔语词汇的差异 [J]. 外语与外语教学 (7).

文秋芳、丁言仁，2004. 中国英语专业学生使用频率副词的特点 [J]. 现代外语 (2).

吴晨曦，2015. 汉语口语考试面试官话轮中的口语成分研究 [D]. 北京语言大学硕士学位论文 .

吴继峰，2016. 英语母语者汉语写作中的词汇丰富性发展研究 [J]. 世界汉语教学 (1).

吴继红，2019. 工作记忆容量对二语学习者口语产出的影响 [J]. 安康学院学报 (4).

吴瑾、邹青，2009. 中国学生英语口笔语语体特征研究：词汇密度与词频 [J]. 山东外语教学 (1).

吴娟，2013. 大学新生产出性词汇丰富度检测及相关性分析 [D]. 湖南大学硕士学位论文 .

吴莎，2017. 基于口语语料库的留学生语篇衔接手段的偏误分析 [D]. 南京大学硕士学位论文.

吴雪玉，2017. 汉语二语学习者口语能力发展个案研究 [D]. 暨南大学硕士学位论文.

习晓明，1988. 填充词及其用法 [J]. 教学巧究 (外语学报)(3).

肖玢，2012. 第二语言口语非流利产出研究述评 [J]. 海外英语 (22).

谢楠、张笛，2017. 汉语儿童多模态口语语料库建设研究 [J]. 外语电化教学 (10).

邢福义，1996. 汉语语法学 [M]. 长春：东北师范大学出版社.

邢加新，2019. 任务复杂度对非英语专业大学生口语产出的影响研究 [J]. 外语研究 (5).

邢雅迪，2020. 对外汉语口语语块研究述评 [J]. 现代交际 (2).

熊怡，2012. 非母语者汉语会话中的自我修正——基于 C.TEST 口语面试的研究 [D]. 北京语言大学硕士学位论文.

宿飞鸿，2010. 汉语语块及其学习策略研究 [D]. 上海交通大学硕士学位论文.

徐蝴蝶，2018. 任务复杂度对泰国汉语学习者书面语复杂度和准确度的影响 [D]. 北京外国语大学硕士学位论文.

许家金，2019. 语料库与话语研究 [M]. 北京：外语教学与研究出版社.

许家金，2020. 语料库与中国学习者英语口语研究 [M]. 北京：外语教学与研究出版社.

许静荣，2016. 初级汉语口语教材的语用功能能力培养研究——基于《欧洲语言共同参考框架》口语评估体系的对比分析 [J]. 海外华文教育 (1).

许琨，2015. 基于语料库的汉语学习者口语语块运用特征研究 [D]. 华东师范大学博士学位论文.

徐平莉，2016. 留学生粤方言常用语词的使用情况研究——基于暨南大学留学生汉语语料库 [J]. 现代语文 (语言研究版)(1).

薛小芳、施春宏，2013. 语块的性质及汉语语块系统的层级关系 [J]. 当代修辞学 (3).

杨金华，2009. 论语块的特点、性质认定及作用 [J]. 暨南大学华文学院学报 (华文教学与研究) 第 (2).

杨军，2004. 口语非流利产出研究述评 [J]. 外语教学与研究 (4).

杨萌、穆凤英，2011. 影响英语学习者口语流利性的停顿研究述评 [J]. 临沂大学学报 (6).

杨燕锋，2013. 时间状语与一般过去时习得——口笔语对比研究 [J]. 湖北师范学院学报 (哲学社会科学版)(3).

杨燕锋，2013. 语篇结构和情状体在一般过去时习得中的作用 [J]. 湛江师范学院学报 (4).

杨燕锋、黄燕燕、龚雯、梁亮，2013. 突显度与一般过去时习得——口笔语对比研究 [J]. 湖南科技学院学报 (3).

杨翼、李绍林、郭颖雯、田清源，2006. 建立汉语学习者口语语料库的基本设想 [J]. 汉语学习 (3).

杨玉晨，2015. 词汇搭配与 "词块"：任意性、弥漫性、颠覆性 [J]. 北华大学学报》(社会科学版)(2).

姚素华，2012. 基于语料库的 as well(as) 用法分析 [J]. 山东师范大学外国语学院学报 (基础英语教育)(6).

易保树、罗少茜，2012. 工作记忆对中国英语学习者书面语产出的流利度、准确度和复杂度的影响 [J]. 解放军外国语学院学报 (5).

游翠娥，2017. 基于口语中介语语料库的汉语语序偏误研究 [D]. 苏州大学硕士学位论文 .

于秀莲，2008. 语块教学法与提高英语应用能力的实验研究 [J]. 外语界 (3).

余文青，2002. 对留学生口语词汇和笔语词汇的调查 [J]. 世界汉语教学 (4).

禹文静，2013. 中高级汉语水平的欧美留学生汉语口语语块的识别研究 [D]. 北京大学硕士学位论文 .

袁玲，2019. "以读促写" 教学对英语书面语句法复杂度影响研究 [J]. 考试与评价 (大学英语教研版)(1).

袁勤，2007. 传统和非传统方法的学习者与口语和写作技能之间的关系——

个案研究 [D]. 贵州大学硕士学位论文.

袁玉琳, 2012. 任务复杂度对于二语口语产出流利度、复杂度、准确度的影响 [D]. 重庆大学硕士学位论文.

原萍, 2011. 语块在二语口语输出能力发展中的特点研究 [D]. 西安外国语大学硕士学位论文.

张宝林、崔希亮, 2013. "全球汉语中介语语料库建设和研究"的设计理念 [J]. 语言教学与研究 (5).

张宝林, 2019. 从 1.0 到 2.0——汉语中介语语料库的建设与发展 [J]. 国际汉语教学研究 (4).

张黎、袁萍、高一瑄, 2016. 汉语口语话语标记成分统计分析 [J]. 中国语言学报 (17).

张璐, 2019. 汉语口语习用语多媒体资源库的建设 [D]. 兰州大学硕士学位论文.

张春花、陈默, 2016. 韩语母语者汉语口语流利度研究 [J]. 汉语应用语言学研究 (1).

张怀兮, 2018. 写长法提升英语口语能力的探索性研究 [D]. 上海师范大学硕士学位论文.

张凯, 2013. 语言测试概论 [M]. 北京: 商务印书馆.

张锐, 2014. 中高级汉语学习者语块习得的心理表征模式研究 [D]. 南京师范大学硕士学位论文.

张松松, 2002. 如何改进英语口语教学——对学生口语和书面语表达能力调查的启示 [J]. 金陵职业大学学报 (4).

张婷, 2016. 不同交互类型任务对高中学生英语口语复杂度的影响研究 [D]. 扬州大学硕士学位论文.

张文忠, 1999. 国外第二语言口语流利性研究现状 [J]. 外语教学与研究 (2).

张文忠, 1999. 第二语言口语流利性发展的理论模式 [J]. 现代外语 (2).

张文忠, 2000. 第二语言口语流利性发展的定性研究 [J]. 现代外语 (3).

张文忠、吴旭东, 2001. 第二语言口语流利性发展定量研究 [J]. 现代外语 (4).

张溪，2013. 不同母语背景学生英语作文中词块使用情况研究 [D]. 山东大学博士学位论文 .

张小芳，2012. 农村初中英语课堂中教师提问对学生口语输出复杂度影响的个案研究 [D]. 西北师范大学硕士学位论文 .

张艳雷、张洋，2014. 基于自制语料库的中国英语学习者因果类话语标记语的使用情况调查 [J]. 海外英语 (2).

张珍源，2018. 中、高级韩国留学生汉语口语非交界停顿现象研究 [D]. 西北师范大学 .

赵婕，2018.《高级汉语口语》中的语块考察及教学对策研究 [D]. 扬州大学硕士学位论文 .

赵丹丹，2019. 将语块教学法运用于大学英语段落翻译的研究 [J]. 海外英语 (23).

赵光莹，2020. 话语标记语在商务英语口语与书面语中的对比研究 [J]. 校园英语 (48).

赵俊海、陈慧媛，2012. 英语学习者书面语语法复杂度的测量研究 [J]. 外语教学理论与实践 (1).

赵雷，2015. 任务型口语课堂汉语学习者协商互动研究 [J]. 世界汉语教学 (3).

赵琪凤，2016. 来华留学预科生汉语口语水平调查及其教学启示 [J]. 世界汉语教学 (6).

赵铮，2013. 汉语语块和留学生汉语口语流利性的相关性研究 [D]. 南京师范大学硕士学位论文 .

郑航、张妍、Melissa Bowles，2020. 高级汉语学习者语块识解研究——来自有声思维法的启示 [J]. 世界汉语教学 (3).

郑航、李慧、王一一，2016. 语境中语块的加工及其影响因素——以中级汉语学习者为例 [J]. 世界汉语教学（3）.

郑李卉、肖忠华，2016. 中国英语学习者的搭配行为：基于语料库的口笔语对比研究 [J]. 中国外语教育 (3).

郑友奇、杨春红，2008. 语块在英语学习者写作语篇中的应用——一项基于语料的对比研究 [J]. 长江大学学报 (社会科学版)(1).

中国社会科学院语言研究所词典室，2016.《现代汉语词典，第 7 版》[M].
　　北京：商务印书馆.

周健，2007. 语块在对外汉语教学中的价值与作用 [J]. 暨南学报（哲学社会
　　科学版)(1).

周超英，2006. 词块与外语学习者语言输出质量关系的实证性研究 [D]. 贵
　　州大学硕士学位论文.

周丹丹、范昆盟，2017. 频次对二语学习者语块使用准确性的影响 [J]. 外语
　　研究 (2).

周惊，2009. 对外汉语语块研究—以《汉语水平词汇等级大纲》为例 [D].
　　华东师范大学硕士学位论文.

周娟，2019. 初中英语阅读课堂中教师提问对学生口语输出复杂度的影响
　　[D]. 广东技术师范大学硕士学位论文.

周俊英、周国宁，2010. 基于语料库的中国学习者英语口语非词汇填充词
　　研究 [J]. 北京教育学院学报 (3).

周岚，2013. 概念整合理论下言语非流利产出的实时认知运作机制 [J]. 现代
　　语文 (语言研究版 (4).

周翩翩，2014. 英语口语主语位置和句法复杂度关系的研究 [D]. 大连海事
　　大学硕士学位论文.

周卫京，2005. 语言输入模式对口语产出的影响 [J]. 解放军外国语学院学报 (6).

周正钟，2018. 输入与输出频次对二语语块产出性知识习得的影响研究 [J].
　　外语界 (2).

朱珂瑶，2019. 动态系统理论视角下美国来华大学生口语能力发展研究 [D].
　　华东师范大学硕士学位论文.

朱丽娅，2017. 任务类型与课堂组织形式对英语专业学生口语输出的影响
　　[D]. 西北师范大学硕士学位论文.

朱莹莹，2011. 师生协商互动与学生英语口语发展 [D]. 南京师范大学硕士
　　学位论文.

宗晓丽，2013. 基于课堂话语语料库的中级阶段外国留学生汉语语块习得

研究 [D]. 南京师范大学硕士学位论文.

ACTFL.ACTFL Proficiency Guidelines 2012[EB/OL]. [2019-03-22]. https://www.actfl.org/publications/guidelines-and-manuals/act-fl-proficiency-guidelines-2012.

AERA, APA, NCME. Standards for Educational and Psychological Testing[M]. Washington, DC: AERA, 2014.

Alison Wray(1999) *Formulaic language in learners and native speakers*[J]. *Language Teaching* 32(4)213-231.

Alison Wray(2002) Formulaic language and the lexicon[M]. Cambridge: Cambridge University Press.

Alison Wray, Perkins & Michael R(2000) The functions of formulaic language: an integrated model[J]. Language & Communication 20, 1-28.

Arevart,S & P.Nation. *Fluency improvement in a second language*[J]. RELC Jounal.1991(1)84-95.

Bachman, L. F. Fundamental considerations in language assessment[M]. Cambridge, UK: Cambridge University Press. 1990.

Bachman, L. F., & Palmer, A. Language testing in practice[M]. Oxford, UK: Oxford University Press.1996.

Bachman, L. F., & Palmer, A. Language assessment in practice[M]. Oxford, UK: Oxford University Press.2010.

Bell,L.R.Eklund & J.Gustafson. *A comparison of disfluency distribution in a unimodel and a multimodel speech interface*[J]. proc.of ICSLP. 2000.

Biber, Douglas. Investigating macroscopic textual variation through multi-feature/multi-dimensional analyses[J].Linguistics 1985.23(2).

Biber, D. University language: A corpus-based study of spoken and written registers. [C] Amsterdam, Netherlands: John Benjamins.Biber & Conrad, 2009.

Biber, D., Gray, B., & Staples, S. Predicting patterns of grammatical complexity across lan-guage exam task types and proficiency levels[J]. Applied Linguistics. doi:10.1093/applin/ amu059.2014.

Brooks, L., & Swain, M. Contextualizing performances: Comparing performances dur-ing TOEFL iBT and real-life academic speaking activities[J]. Language Assessment Quarterly, 11(4), 353-373. Jamieson & Poonpon, 2013.

Brown & Taylor. A world survey of examiners'views and experience of the IELTS Speaking Test[J].Cambridge ESOL: Research Notes, 2006, 26:14-18.

Brown,G. & Yule,G. *Discourse Analysis*[M]. Cambridge University Press.1983.

Chapelle, C. A., Enright, M. K., & Jamieson, J. M. Test score interpretation and use.[C] In C. A. Chapelle, M. K. Enright, & J. M. Jamieson (Eds.), Building a validity argument for the Test of English as a Foreign Language. New York: Routledge.2008.

Clark,H.H. & T.Wasow. *Repeating words in spontaneous speech*[J]. Cognitive Psychology. 1998,37(3).

Clark,H.H. *Speaking in time*[J]. Speech Communication, 2002,36(1): 5-14.

Collard P, Corley M, Macgregor L J, et al. *Attention orienting effects of hesitations in speech: Evidence from ERPs*[J]. Journal of Experimental Psychology: Learning, Memory, and Cognition, 2008, 34(3): 696-702.

Council of Europe. *Common European Framework of Reference for Languages: Learning, Teaching, Assessment*[M]. Cambridge: Cambridge University Press, 2001: 128.

Crystal, D. (1997) *The Cambridge Encyclopedia of Language*[M].Cambridge: Cambridge University Press.

Diane Larsen-Freeman. *Adjusting Expectations: The Study of Complexity, Accuracy, and Fluency in Second Language Acquisition*[J]. Applied Linguistics. 2009 (4).

Dixon RMW(1972)*The Dyirbal Language of North Queensland*[M].Cambridge University Press.

Duk–ki Kim, Dong–kwang Shin. *Lexical Chunks for Task-Based Language Teaching*[J].2004：85–101.

Ellis, R.(2003)*Task-based Language Learning and Teaching*[M].Oxford University Press.

Fangyuan Yuan,Rod Ellis. *The Effects of Pre-Task Planning and On-Line Planning on Fluency, Complexity and Accuracy in L2 Monologic Oral Production*[J]. Applied Linguistics. 2003.

Fillmore,C.J. *On Fluency:Individual Differences in Language Ability& Behavior*[M]. New York:Academic Press.1979.

Foster，Pauline，Alan Tonkyn & Gillian Wigglesworth(2000) *Measuring spoken language: A unit for all reasons*[J].Ap– plied Linguistics 21(3).

Fox Tree,J. *Comprehension after Speech Disfluencies*[D]. Unpublished Doctorial Dissertation. Stanford: Stanford University.1993.

Fromkin, V.A. *Grammatical aspects of speech errors*[J]. The Cambridge Survey. 1998(2).

Geoffrey T. LaFlair, Staples, S., & Egbert, J. Variability in the MELAB speaking task: Investigating linguistic characteristics of test–taker performance in relation to rater severity and score[C]. CaMLA Working Papers .2015.

Geoffrey T. LaFlair, Shelley Staples 2017 Using corpus linguistics to examine the extrapolation inference in the validity argument for a high–stakes speaking assessment[J].LANGUAGE TESTING, Vol 34.

Guergana Savova, Joan Bachenko. *Prosodic features offour types of disflencies*[J]. Theoretical Linguistics. 2003.

Heamanfe,P. & J.Allen. *Detecting and correcting speech repair*[R]. Proceedings of the 32nd Annual Meeting of the Association for Computational Linguistics, 1994.

Hieke,A.E. *A content-processing view of hesitation phenomena*[J]. Language and Speech,1981(24/2): 147–160.

Housen, A., & Kuiken, F. (2009). *Complexity, accuracy, and fluency in second language acquistion*[J].Applied Linguistics 30 (4).

Hsu, J-Y.&Chiu, C-Y(2008)*Lexical collocation and their relation to speaking proficiency of college EFL learners in Taiwan*[J].Asian EFL Journal (10) 181–204.

Hunt, W. Kellogg (1965) *Grammatical Structures Written at Three Grade Levels*[J]. NCTE Research Report ,No. 3.Champaign, IL, USA:NCTE. 20

Hunt, W. Kellogg (1976) *Study correlates age with grammatical complexity*[J]. Linguistic Reporter 18(9).

James,D.M. *Another look at,say,some grammatical constrains on,oh,interjections and hesitations*[J]. Chicago Linguistic Society,1973.

Johnston, Wetal. *The onset of stuttering*[M]. minneapolis: The University of Minnesota Press,1959.

Kane, M. T. Validating the interpretations and uses of test scores. Journal of Educational Measurement, 2013.50,1–73.

Leeson,P. *Investigating fluency in EFL: a quantitative approach*[J]. Language Learning 40(3)1990.

Leeson,R. *Fluency and Language Teaching*[M]. London: Longman Group Limited, 1975: 136.

LEI Chao.A *Lexical-Chunk Based Study of Business English Correspondence Writing*[J].Sino–US English Teaching.2016

Levelt. *Monitoring and self-repair in speech*[J]. Cognition,1983(14).

Levelt. *Speaking:From intention to articulation*[M]. Cambridge, MA:MIT Press,1989.

Lewis, M. *The Lexical Approach*[M]. Hove: Language Teaching Publications, 1993:93.

Lickely. R. J. *Detecting disluency in spontaneous speech*[D]. PhD Thesis, The University of Edinburgh,1994.

Maclay,H. & C.E.Osgood. *Hesitation phenomena in spontaneous English Speech* [J].1959.

Maurice, K. *The fluency workshop*[N]. TESOLNewsletter,1983(17/4):29.

Moon, R (1998) *Fixed Expressions and Idioms in English: A corpus–based approach*[M]. Oxford: Clarendon Press.

Nahk–Bohk Kim. *Teaching in Chunks: Facilitating English Proficiency*[J]. Modern English Education. 2008,Vol.9(No.1):30–51.

Nation. *Improving speaking fluency*[J]. System,1989(17): 377–384.

Nattinger J.R.&J.De Carrico. *Lexical Phrase and Language Teaching*[M]. Oxford: Oxford University Press, 1992:42–54.

Norris, J. & Ortega, L. (2000) *Effectiveness of L2 instruction: A research synthesis and quantitative meta-analysis*[J].Language Learning (50).

O'Reilly, Robert P.. Texas Woman's U, US. *A study of chunking capacity in good and poor readers*.[J].Dissertation Abstracts International.1992,Vol.53(No. 5A):1463.

Pauline Foster & Peter Skehan. *The Influence of Planning and Task Type on Second Language Performance*[J]. Studies in Second Language Acquisition. 1996 (3).

Pawley,A&Syder, F.H. *Two puzzles for linguistic theory:native like fluency*[A]. in Richards J.C&Schmidt, R.W(eds),Language communications [C]. New York. London, 1983:163–191.

Peter J. Robinson,Mee Aie Ha. *Instance Theory and Second Language Rule Learning under Explicit Conditions*[J]. Studies in Second Language Acquisition. 1993 (4).

Peter Skehan. *Modelling Second Language Performance: Integrating Complexity, Accuracy, Fluency, and Lexis*[J]. Applied Linguistics. 2009 (4).

Postma,A. & H.Kolk. *The covert repair hypothesis: Pre-articulatory repair processes in normal and stuttered disfluencies*[J]. Journal of Speech and

Hearing Research,1993(36): 472– 488.

Rahimkhani, Mahvash1; Hemmati, Fatemeh1. *The Impact of Message Units as 'Chunks' on EFL Production*.[J].Pertanika Journal of Social Sciences & Humanities. 2016, Vol. 24(No.4):1503–1522.

Richard Schmidt. *Psychological Mechanisms Underlying Second Language Fluency*[J]. Studies in Second Language Acquisition. 1992 (4).

Riggenbach,H. *Towards an understanding of fluency:A microanalysis of nonnative speaker conversation*[J]. Discourse Analysis, 1991(14):423–441.

Runjiang Xu; Zan Mao; Yan Liu. *Lexical Approach and Its Application in College English Classes*[J]. Theory and Practice in Language Studies.2012,Vol.2(No.10):2090–2095.

Shriberg,E.E. *Preliminaries to a theory of speech disfluencies*[D].Berkeley: University of California,1994.

Sinclair, J. M(1991) *Corpus, Concordance, Collocation*[M]. Oxford: Oxford University Press.

Skehan(2009) *Modelling Second Language Performance:Integrating Complexity, Accuracy, Fluency,and Lexis*[J].Applied Linguistics,30(4).

Skehan, P. (1989) *Individual Differences in Second Language Learning*[M]. Edward Arnold.

Starkweather, C W.& S.Gottwald. *The demands and capacities model II: Clinic applications*[J].Journal of Fluency Disorders,1990(3):143–157.

Starkweather,C W. *Fluency and Stuttering*[M]. Englewood Cliffs, NJ: Prentice Hall,1987: 11.

Stephen J. Gaies(1980)*T-Unit Analysis in Second Language Research: Applications, Problems and Limitations*[J].TESOL Quarterly, 14(1).

Street, J. H.(1971)*Readability of UCLA mate-rials used by foreign students.* (Unpublished M.A. Thesis,UCLA.)

Tseng, S.C.*Taxonomy of spontaneous speech phenomena in Mandarin conversation*[J]. ISCA&IEEE Workshop on SSPR.Tokyo.2003:23–26

Yuan, Fangyuan.&Ellis, Rod.(2003) *The Effects of Pre-Task Planning and On-Line Planning on Fluency, Complexity and Accuracy in L2 Monologic Oral Production*[J].Applied Linguistics,24(1).